Buch gehört .... dieses Buch gehört .... dieses Buch geh

ört ......

Für alle,
die mich unterstützen
und mir ermöglichen,
das Kind in mir
zu bewahren.

Inhaltsverzeichnis

Deine Grundausstattung .... Seite 6
Basteltipps für dich .... Seite 7
Pflanzen pressen .... Seite 8
Gesichter gestalten .... Seite 9
Buntes Natur-ABC .... Seite 10

Frühling und Ostern

Putzige Eierkerlchen .... Seite 16
Frühlingsrallye .... Seite 18
Tanzende Hasen .... Seite 20
Bunte Schlangen .... Seite 22
Blumengeschenke .... Seite 24
Piepmätze .... Seite 26
Kunterbunte Insekten .... Seite 28
Hübsche Blütenkarten.............. Seite 30
Heitere Henne .... Seite 32
Blütenkränze .... Seite 34
Blüten-Mandala .... Seite 36

Sommer

Familie Stein und der Pirat .... Seite 40
Blütenprinzessinnen .... Seite 42
Vögelchen und Sonne .... Seite 44
Ackerfreunde .... Seite 46
Muschelfiguren .... Seite 48
Schiffchen .... Seite 50
Witzige Dschungeltiere .... Seite 52
Paradiesvögel .... Seite 54

Magnettafel mit Fischen .... Seite 56
Frosch und Schnecken .... Seite 58
Zarte Schmetterlinge .... Seite 60
Holzungeheuer .... Seite 62

Herbst und Halloween

Baumstamm-Pärchen .... Seite 66
Freche Eulen .... Seite 68
Flinke Kastanienkerle .... Seite 70
Lustige Fledermäuse .... Seite 72
Blätter-Zoo .... Seite 74
Blättermandala .... Seite 76
Früchte-Theater .... Seite 78
Waldgeister .... Seite 80
Kürbisgespenster .... Seite 82
Schmucke Bänder .... Seite 84
Blätterschlangen .... Seite 86

Winter und Weihnachten

Füchse im Winterwald .... Seite 90
Zapfenfiguren .... Seite 92
Erdnusskerlchen .... Seite 94

Kartoffeldruck .... Seite 96
Salzteigstadt .... Seite 98
Gewürzmännchen .... Seite 100
Beerenstarke Eislichter .... Seite 102
Witzige Holzscheiben .... Seite 104
Kecke Fruchtmännchen .... Seite 106
Engelsquartett .... Seite 108
Strohbasteleien .... Seite 110
Wintergarten .... Seite 112

Vorlagen .... Seite 114
Naturmaterial-Tafeln .... Seite 134
Über die Autorin .... Seite 142
Impressum .... Seite 144

In diesem Buch haben Naturmaterialien ihren großen Auftritt. Ob Blumen, Blätter, Früchte,
Holz oder Steine – alles ist zum Basteln da!

Um die Fundstücke zusammenzutragen, habe ich im vergangenen Jahr viele Wanderungen durch meine Heimat Südtirol gemacht.
Schon beim Zusammentragen der Naturmaterialien regte mich die Formenvielfalt der Stöckchen, Steine und Blüten zu immer neuen Ideen an,
die ich gleich mit schnellen Strichen und ein paar Stichwörtern in meinem Notizbuch festhielt. Beim Basteln kamen dann immer mehr Einfälle dazu.
Auf den folgenden Seiten habe ich meine Lieblingsideen für dich zusammengestellt. Du kannst die Figuren, Dekorationen und Geschenke alleine
basteln oder zusammen mit Freunden. Es sind ganz einfache, schnelle Ideen dabei, aber auch herausfordernde Projekte für besondere Anlässe.
In den einzelnen Schritt-für-Schritt-Anleitungen zeige ich dir, wie die Objekte gebastelt werden. Du kannst sie genauso nachbasteln
oder die Materialien, Farben und Muster verändern und ganz neue Sachen erschaffen.

Ich wünsche dir viel Freude auf deinen eigenen Erkundungstouren in der Natur und viel Spaß und
gutes Gelingen beim Basteln mit Naturmaterialien.

Deine *Pip Pedevilla*

Deine Grundausstattung

Diese Materialien und Hilfsmittel brauchst du für fast alle Projekte:

Prickelnadel zum Stechen von Löchern

Festes Transparentpapier, Bleistift, Grafitpapier, Klebefilm und Kugelschreiber für Schablonen und zum Übertragen von Vorlagen

Anspitzer und Radiergummi

Nadel und Nähgarn zum Anbringen von Aufhängungen

Lineal, Geometriedreieck zum Messen und Zeichnen

Wattestäbchen für Punkte und zum Aufmalen der Wangen

Handbohrer, auch Kastanienbohrer genannt, zum Bohren von Löchern in Naturmaterialien und Holz

Borsten- und Haarpinsel zum Malen

Bastelschere und Nagelschere (für kleine Formen und Rundungen)

Schaschlikstäbchen helfen beim Bemalen, Kleben und Kringeln von Papier und Draht.

Buntstifte, Filzstifte (wasserfest bei Holz & Co) weißer Lackmalstift und Gelstift zum Gestalten der Gesichter und Malen von Mustern

Alleskleber, UHU hart, Holzleim und Klebestift kleben fast alles.

Dünner Draht zum Verbinden von Naturmaterialien. Bastelzangen zum Schneiden von Draht und Ästen.

Kordeln, Bast und Bänder zum Verzieren und für Aufhängungen

Hinweis: Die Projekte in diesem Buch sind unterteilt in:
● ● ● leicht　　● ● ● mittel　　● ● ● für Geübte
Das Zeichen „ø" bedeutet Durchmesser.

GRUNDAUSSTATTUNG UND BASTELTIPPS

Schablonen herstellen

Pause die Vorlage auf Transparentpapier ab und schneide sie aus. Die Schablone kannst du für seitenverkehrte Motive umdrehen.

Zusammenkleben

Verwende lösungsfreien Alleskleber Kraft oder Holzleim. Dieser muss länger trocknen, es gibt aber auch Express-Holzleim.

Mit Draht verbinden

Dünner Draht eignet sich gut, um Naturmaterialien zu bündeln (für Haare) oder zusammenzufügen. Die Drahtenden miteinander verdrehen.

Gepresste Pflanzen aufkleben

Verwende sehr wenig Klebstoff. Trage diesen am besten auf das Papier auf, lege das Blatt auf und drücke es leicht an.

Bastel-tipps für dich

Objekte bemalen

Bemale die Motive zuerst in der Grundfarbe, dann setze die Muster. Lass jede Farbschicht trocknen, bevor du weitermalst. Motive für draußen abschließend mit Klarlack lackieren.

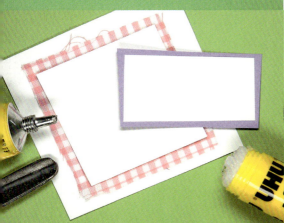

Motive rahmen

Klebe das Schild auf ein etwas größeres Stück Fotokarton und schneide es mit einem schmalen Rand aus. Sieht auch mit Stoff hübsch aus.

Naturmaterialien bohren

In Kastanien, Äste und Holzscheiben kannst du mit einem Handbohrer (Abbildung) oder einer Handbohrmaschine (Drillbohrer) Löcher bohren.

Motive ausstechen

Mit Metallausstechern kannst du aus Schalen und Salzteig Motive ausstanzen.

Pflanzen pressen

Im Buch findest du viele Bastelideen mit gepressten Blüten und Blättern. Das Pressen von Pflanzen ist nicht schwer, wenn du Folgendes beachtest:
- Sammle die Pflanzen, wenn sie trocken sind.
- Achte darauf, dass die Blüten nicht zu dick sind. Zarte Frühlingsblüher lassen sich besonders einfach pressen. Blätter und Gräser sind ebenso geeignet.

Bitte denke auch daran:
- Pflücke nur, was du tatsächlich brauchst. Pflücke nicht in Gärten, ohne zu fragen. In Parks ist das Pflücken von Pflanzen nicht erlaubt.
- Wenn du Blätter oder Blüten nicht kennst, sei vorsichtig, denn sie können stachelig oder giftig sein.

Du brauchst saugfähiges Papier (z. B. Küchenkrepp, Toilettenpapier, weiße Servietten), Zeitungen sowie schwere Bücher oder eine Pflanzenpresse. Lege die Blüten oder Blätter mit etwas Abstand zwischen zwei Lagen saugfähiges Papier und dann zwischen zwei bis drei Lagen Zeitungspapier. Drücke sie, wenn nötig, flach. Lege dann dicke, schwere Bücher darauf. Nach etwa zwei Wochen sind die Pflanzen getrocknet und du kannst anfangen zu basteln. Sei behutsam im Umgang mit getrockneten Pflanzen, denn sie zerbrechen leicht. Durch das Trocknen sind die Farben schwächer. Probiere verschiedene Pflanzen aus, nicht alle gelingen gleich gut.

Du kannst auch ein Herbarium, das ist eine Pflanzensammlung, anlegen, indem du Blüten und Blätter nach Themen sortierst, aufklebst und Schildchen mit den Namen ergänzt.

Pflanzenpresse bauen

Dafür brauchst du zwei mindestens fingerdicke Holzbretter. Bitte einen Erwachsenen, Löcher in die Ecken zu bohren – mindestens 1,5 cm vom Rand entfernt und bei beiden Brettern deckungsgleich; dafür die Bretter zum Bohren übereinanderlegen. In eines der Bretter Zylinderkopfschrauben durch die Löcher schieben. Zum Pressen die Blüten und Blätter wie oben beschrieben in Papier legen. Das Papier auf das Brett legen, die Schraubenhälse zeigen nach oben. Lege nun das andere Brett auf und schraube es mit Flügelkopfschrauben fest.

Gesichter gestalten

Meine Gesichter gestalte ich, egal auf welchem Untergrund, immer gleich. Hier zeige ich dir meine Tricks. Ob du Buntstifte oder wasserfeste Stifte verwendest, hängt vom Untergrund ab und davon, ob du die Figuren drinnen oder draußen aufstellen möchtest. Bei Dekorationen für draußen verwende wasserfeste Materialien und überziehe bemaltes Holz mit Klarlack.

Die Augen mit einem schwarzen, wasserfesten Stift aufmalen oder mit dem stumpfen Ende des Schaschlikstäbchens Farbe aufsetzen. Du kannst auch Wackelaugen aufkleben.

Münder sind meist mit rotem Buntstift oder wasserfestem Filzstift gemalt.

Für die Wangen mit der Buntstiftspitze über Schmirgelpapier reiben oder mit einem Bleistift-spitzer etwas Farbe von der Stiftspitze schaben. Den Abrieb dann mit einem Wattestäbchen auf dem Gesicht verreiben.

Haare können mit Wolle, Bast, Kordel, Sisal, Moos oder Gräsern gemacht werden.

Für Nasen eignen sich Beeren, kleine Zapfen, Eichelhüte und Aststückchen.

Buntes Natur-ABC

Ob Blüten, Beeren, Blätter, Steine oder Stöckchen – mit Naturmaterialien kannst du ein ganzes ABC basteln! Nimm noch ein paar Kordelbänder und Bast dazu und schon kann es losgehen. Es ist ganz einfach: Zeichne den gewünschten Buchstaben mit Bleistift auf dem Untergrund vor, streiche Alleskleber auf die Linien und klebe die Naturmaterialien auf. Die Buchstaben kannst du für allerlei Dekorationen verwenden. Auf den folgenden Seiten findest du ein paar Ideen.

Ein bisschen Buntstiftfarbe macht Blassschnäbel munter.

BASTELN MIT ... NATURMIX

Die verwendeten Naturmaterialien findest du das ganze Jahr. Probiere ruhig Verschiedenes aus – für die Buchstaben kannst du nehmen, was du magst.

Das brauchst du:
- Beeren, Samen und Kerne
- gepresste Blätter und Blumen
- Muscheln
- Zweige
- Trockenerbsen und -linsen
- Eierschalen und Federn
- kleine Knöpfe, Wattekugeln
- Kordeln, Bänder, Wolle und Bast

Vorlagen Seite 114–116

Mit den Buchstaben von Seite 10/11 kannst du Geschenke und Dekorationen basteln.
So machst du den **Fotorahmen**: Klebe das Foto auf ein etwas größeres Stück weißen Karton und diesen auf ein ausgefranstes Leinenstück. Klebe das Ganze dann auf ein ausreichend großes Stück Papier. Unten sollte noch genug Platz zum Schreiben deines Namens sein.
Ergänze den Stoffstreifen als Aufhänger. Verknote etwas Faden in den Knopflöchern, bevor du die Knöpfe auf die Streifenenden klebst.
Zeichne dann deinen Namen mit Bleistift vor, streiche Alleskleber auf die Linien und klebe die Naturmaterialien auf.

Das brauchst du:
- Fotokarton in Weiß
- Stoffreste
- Knöpfe, Holzperlen
- Ast
- Bindfaden
- Naturfundstücke nach Wahl

Vorlagen Seite 116

BASTELN MIT ... NATURMIX

Für die **Wimpelkette** die benötigte Anzahl Wimpel zuschneiden und mit Buchstaben bekleben. Die Löcher mit einer Prickelnadel vorstechen und mit einem Schaschlik-stäbchen weiten. Fädele die Wimpel dann mit Nadel und Faden zusammen, füge dabei Holzperlen mit ein.

Für das **Schild** den Namen mit Naturmaterial auf den Karton kleben und diesen zuschneiden. Für die Aufhängung mit Nadel und Faden an der Oberkante ein- und ausstechen. Mit den Bandenden knotest du das Schild an den Zweig. Das Schild kannst du noch mit Zeitungspapier und mehr dekorieren.

Frühling und Ostern

Endlich Frühling! Die Vögel zwitschern wieder munter im Garten, die Sonne lacht, Blumen sprießen. Nun ist es Zeit, durch Gärten, Wälder und über Felder zu ziehen und das Erwachen der Natur zu genießen.
In diesem Kapitel zeige ich dir, wie du aus Ästen, Blumen und Eiern bezaubernde Dekorationen für drinnen und draußen und kleine Geschenke zu Ostern und Muttertag gestalten kannst.

Alissa (7 Jahre)

Putzige Eierkerlchen

1 Stich jedes Ei mit einer Prickelnadel oben ein und weite das Loch auf ca. 2–4 cm. Lass das Innere herausfließen und putze die Schale. Schneide Ohren aus Fotokarton aus und klebe sie nach dem Trocknen fest. Du kannst die Hasenohren auch an Zahnstocher kleben und später einstecken.

2 Das Gesicht bemalst du wie auf Seite 9 beschrieben mit wasserfesten Stiften. Für die Nase ein Weidenkätzchen mit Alleskleber ankleben.

3 Damit die Figur aufgestellt werden kann, bastle einen Halter. Das können auf einen Papierkreis geklebte Weidenkätzchen sein oder ein Stück Klorolle, das mit Bändern, Bast oder Weidenkätzchen dekoriert ist.

BASTELN MIT ... EIERN

Die kleinen Blüten sind aus Weidenkätzchen, die auf einen Papierkreis geklebt werden (siehe Schritt 3). In die Mitte eine weiße oder bunte Wattekugel kleben.

Lege etwas Watte in die Eier und bestreue diese mit Gras- oder Kresse-Samen. Befeuchte die Watte mit Wasser. Nach ein bis zwei Wochen Geduld und Gießen hat deine Eierfigur Haare.

Das brauchst du:
- Hühnereier
- Weidenkätzchen
- Klorollen
- farbige Fotokartonreste
- verschiedene Bänder, Kordeln und Bast
- Wattekugeln, Knopf und Pompons
- Wackelaugen

Vorlagen Seite 117

Auch Küken, Henne, Schwein und ein Frosch machen sich gut auf der Ostertafel. Der Frosch hat Augen aus Wattekugeln. Die Henne hat einen Papierschnabel und -kamm. Das Schwein bekommt Ohren aus Papier und einen Knopf als Rüssel.

17

Frühlingsrallye

Du kannst die einzelnen Figuren basteln oder die ganze Szene. Die Motive sind in Originalgröße abgebildet. Noch einfacher gelingt es, wenn du alles ein bisschen größer bastelst.

1 Autos: Säge die Holzstücke mit einer Handsäge zu oder bitte einen Erwachsenen, dir zu helfen. Die Vorderkante erst schräg zusägen, dann die Spitze gerade absägen. Klebe Holzscheiben als Räder an, achte dabei darauf, dass das Auto gerade steht. Nun noch die Bohnen als Lichter ergänzen und gelb anmalen – fertig ist das Auto. Den Fahrer bastelst du wie unten beschrieben und klebst ihn dann mittig auf das Auto.

2 Figuren: Für den Körper ein Stück Ast zusägen und seitlich Löcher für die Arme (Bindfaden oder Zweige) einbohren. Teste, ob die Arme hineinpassen, anderenfalls vergrößere das Loch noch etwas. Das funktioniert auch mit einem kleinen Kreuzschlitz-Schraubendreher. Ein Stück Satinband als Schal auf den Stamm kleben und darüber die Holzkugel setzen. Als Mütze einen Eichelhut oder ein Blatt aufkleben. Dann die Arme ankleben. Klebstoff auf die Zweig- oder Bindfadenenden auftragen und sie in die Löcher stecken. Beim Einkleben von Bindfaden einen Zahnstocher zu Hilfe nehmen.

3 Gesicht gestalten: Die Nase mit einem Schaschlikstäbchen und roter oder rosaroter Acrylfarbe auftupfen, nach Belieben auch den Körper mit Acrylfarbe gestalten. Augen und Mund mit einem wasserfesten Filzstift oder Buntstift ergänzen.

4 Die Tiere haben Holzscheiben als Köpfe. Der Schafkörper ist mit Filzschnur umwickelt. Für die Ohren Weidenkätzchen, für die Gliedmaßen Trockenbohnen und für den Haarschopf Filzwolle ankleben.

Das brauchst du:
- Aststücke, Holzscheiben
- Holzkugeln, ø 2 cm
- Weidenkätzchen
- Eichelhüte, Blätter
- Trockenbohnen und -erbsen
- Bindfaden, Filzschnur, Satinband, Sisalgras
- Bastelfarbe
- Handbohrer, Holzsäge

Vorlagen Seite 118

BASTELN MIT ... HOLZ

Für den Untergrund bemale einen festen Karton oder eine Holzplatte. Die Wiese mit grüner Farbe und Pinsel oder Schwamm auftupfen. Nach dem Trocknen dann braune Farbe an den Wegkanten auftupfen. Den Weg mit einem Pinsel mit weißer Acrylfarbe aufmalen und in die feuchte Farbe feinen Sand streuen. Nach dem Trocknen mit Steinen und Blüten aus Trockenfrüchten dekorieren.

Ein Tänzchen gefällig?

BASTELN MIT ... HOLZ

Tanzende Hasen

Das brauchst du:
- (Weiden-)Äste
- Holzscheiben, ø 6 cm (Kopf) und 7 cm lang (Ohren)
- Holzhalbkugel oder Holzscheibe, ø ca. 1,5 cm (Nase)
- Bastelfarbe
- Karoband oder Bast
- Blüten oder Sisalgras
- Gartenschere

Vorlagen Seite 121

1 Schön verzweigte Stücke findest du am Anfang eines Astes. Schneide den Ast mit einer Gartenschere ab. Kürze ein Bein, dann sieht es aus, als würde das Tier tanzen.

2 Klebe mit Holzleim eine runde Holzscheibe als Kopf an das Zweigende. Wende die Figur und ergänze zwei längliche Holzscheiben als Ohren. Über Nacht trocknen lassen.

3 Bemale die Holzhalbkugel oder die kleine Holzscheibe mit Acrylfarbe und klebe sie nach dem Trocknen als Nase auf. Du kannst auch kleine Eier oder Weidenkätzchen nehmen.

4 Setze die Augen mithilfe eines Schaschlikstäbchens mit schwarzer Acrylfarbe auf. Für den Mund einen Buntstift und für die Wangen Buntstiftabrieb verwenden (siehe Seite 9).

5 Den Ast bemale mit Pinsel und Bastelfarbe mit Streifen. Immer die erste Farbe trocknen lassen, bevor die nächste aufgesetzt wird.

6 Die Blüten zuschneiden und mit einem Faden als Rock um den Ast binden. Du kannst auch Sisalgras oder ein Stück Stoff nehmen.

Du kannst lange Aststücke verwenden oder kurze Stücke zuschneiden, damit sich die Schlange bewegen kann. Kurze Stücke mit Bindfaden zusammenkleben (siehe unten).

Bunte Schlangen

1 Suche Äste in bizarren Formen und bemale diese mit Flachpinsel und Bastelfarbe. Für Punkte kannst du Wattestäbchen, Heißklebepatrone oder Holzstäbchen nehmen. Damit die Farbe gut deckt, sollte sie nicht zu flüssig sein.

2 Lass die Bastelfarbe gut trocknen. Die Muster lassen sich einfacher mit Dekomarkern aufmalen. Danach die Augen aufkleben – fertig ist die Schlange.

3 Um einzelne Holzstücke zu verbinden, bohre mit einem Handbohrer Löcher in die Querseiten. Bestreiche die Enden des Bindfadens mit Holzleim und klebe sie in die Löcher. Gut trocknen lassen.

BASTELN MIT ... ÄSTEN

Das brauchst du:
- Äste
- Holzhalbkugeln und Holzscheiben
- Satinband, 3 mm breit
- Bastelfarbe und Dekomarker (Lackmalstifte)
- evtl. Bindfaden
- evtl. dünnen Bohrer

Blumengeschenke

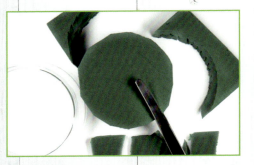

1 Lege die Schale auf die Steckmasse und schneide mit einem kleinen Messer rundherum. Schneide den Kreis dann auf Schalenhöhe zu, lege die Steckmasse in die Schale und wässere sie gut.

2 Stich mit einem Schaschlikstäbchen ein Loch in der Mitte und stecke eine größere Blüte ein. Den Stiel vorher mit der Schere kürzen. Setze die nächsten Blüten rundherum, stich dafür immer Löcher vor.

3 Setze die nächsten Blüten in die Freiräume. Kontrolliere noch einmal, ob die Steckmasse gut gewässert ist, ansonsten gib noch etwas Wasser in die Schale.

4 Damit die Blümchen außen schräg stehen und den Steckmasserand verdecken, stich die äußersten Löcher schräg ein.

BASTELN MIT ... BLUMEN

Das brauchst du:
- Nass-Steckmasse
- Blumen
- evtl. Steinchen, kleine Holzstücke
- Schale, ca. 10 cm groß

Hübsche Tischdekorationen und kleine Mitbringsel kannst du aus bunter Steckmasse und ein paar Blüten machen. Einfach die Steckmasse mit einer Keksform ausstechen, in eine Schale mit Wasser legen und die Blüten einstecken. Bunte Steckmasse gibt es beim Floristen.

Das brauchst du:
- Keilrahmen
- Kieselsteine
- Bastelfarben
- Federn
- Holzstücke, Zweige

Piepmätze

1 Suche größere und kleine Kieselsteine für die Vögelchen und Blätter. Lege diese probeweise auf den Keilrahmen.

2 Bemale die Steine in den gewünschten Farben. Verwende für die Blätter verschiedene Grüntöne, dann wirkt dein Bild lebendiger. Ein Vögelchen erhält Punkte. Setze diese nach dem Trocknen der ersten Farbe mit einem Schaschlikstäbchen auf.

3 Male die Augen mit einem schwarzen Filzstift auf und klebe kleine Holzstückchen als Schnäbel an. Lege dann alles auf dem Keilrahmen aus und befestige die Teile mit Alleskleber oder Heißkleber (nur Erwachsene!). Vergiss die Federn nicht.

BASTELN MIT... STEINEN

Für diese Käfige brauchst du eine Holzplatte mit vier eingebohrten Löchern. Die Löcher haben den Durchmesser der Zweige. Weide eignet sich besonders gut, weil sie schön biegsam ist. Schneide zwei gleich lange Zweige mit einer Zange zu und klebe sie mit Holzleim in die Löcher. Lass den Leim gut trocknen. Die Vögel wie links beschrieben basteln und mit Kraft- oder Montagekleber hineinkleben. Mit einer Kordel können die Käfige aufgehängt werden.

27

Kunterbunte Insekten

1 Streiche etwas Bastelfarbe auf einen Teller und färbe deinen Finger vor jedem Abdruck neu ein. Für große Abdrücke nimmst du den Daumen. Verwende helle Farben, dann kannst du später besser darüber malen.

2 Nach dem Trocknen setzt du mit einem dünnen Pinsel Streifen und mit einem Schaschlikstäbchen Punkte auf. Wieder trocknen lassen.

3 Mit wasserfesten Stiften ergänzt du Fühler, Gliedmaßen und das Gesicht.

Eier kannst du mit Wasser, in das ein Spritzer Spülmittel, Essig oder Zitronensaft gegeben wird, reinigen. Den Stempel mit etwas Scheuermilch und einem Schwamm entfernen.
Zum Ausblasen mit einem Eierpiekser an beiden Seiten Löcher stechen und mit einem kleinen Kreuzschlitz-Schraubenzieher auf 3 mm weiten. Das Eigelb mit einem Schaschlikstäbchen durchstechen, dann gelingt es einfacher.
Zum Ausspülen des Inneren ein Loch mit dem Finger abdecken, Wasser ins Ei laufen lassen, dann auch das zweite Loch abdecken und schütteln. Das Wasser auslaufen lassen und das Ei zum Trocknen senkrecht in ein Glas stellen.

BASTELN MIT ... FARBE UND EIERN

Das brauchst du:
- Hühnereier
- Bastelfarben
- Dekomarker / Lackmalstifte

Vorlagen Seite 119

Ameisen, Blumen und Marienkäfer sehen auch auf Eiern witzig aus. Mit Fingerdruck kannst du auch nette Karten machen. Anstatt auf Eier druckst du dann die Figuren auf Papier. Die Karten kannst du dann auf Naturpapier und gemustertes Papier kleben. Nach Belieben schmücke sie noch mit Schleifen und Sisal.

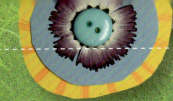

Hübsche Blütenkarten

1 Du kannst fertige Doppelkarten verwenden oder festes Papier zuschneiden und zur Karte falten. Schneide oder reiße die anderen Papiere zu und klebe sie auf.

2 Klebe danach die gepressten Blüten auf (siehe Seite 8). Sei behutsam mit den zarten Pflanzenblättern, damit sie nicht brechen.deln.

3 Für die Nase bemale eine Linse mit einem wasserfesten, schwarzen Stift und setze einen weißen Lichtpunkt mit Lackmalstift auf. Die Nase aufkleben und die Augen und Schnurrhaare zeichnen. Das Schild wie auf Seite 7 beschrieben basteln.

Das brauchst du:
- Fotokarton oder Doppelkarten in Weiß
- Naturpapiere, Fotokartonund Stoffreste
- gepresste Blätter
- Trockenlinsen
- Knöpfe, Spitzenband

Vorlagen Seite 122

BASTELN MIT ... BLÜTEN UND NATURPAPIER

Mit gepressten Blumen und farbigen Papieren kannst du hübsche Karten und Bilder basteln. Für die Blüte oben Blätter und eine gepresste Blüte auf Papier kleben und mit einem Knopf verzieren. Zusammen mit einem gemusterten Stoffstück auf den Untergrund kleben. Für die Karte mit Vase Blüte und Knopf auf einen Papierkreis kleben. Diesen auf ein etwas größeres Papierstück kleben und mit einem 3–5 mm breiten Rand ausschneiden. Pflanzenstiel, Vase aus Papier und Knopf ergänzen. Für das Herz die Form mit Bleistift auf der Karte vorzeichnen und die Blätter aufkleben. Die Torte aus Papierstücken zusammensetzen und mit Blüten und Spitzenband verzieren. Das Mäuschen wird wie links beschrieben gebastelt, hat hier aber noch einen Körper.

Heitere Henne

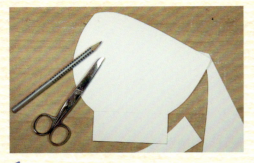

1 Fertige eine Transparentpapierschablone vom Körper an und übertrage diese zweimal auf Fotokarton. Schneide die beiden Körperformen aus.

2 Ritze dann die gestrichelte Linie mit Prickelnadel und Lineal an, damit sich das Papier leichter biegen lässt. Mache das ebenso bei der anderen Form.

3 Klebe die beiden Rechtecke zusammen, sie bilden den Boden. Zum Trocknen mit Klammern zusammenhalten. Die Seite dann nach oben falten.

4 Schneide die Flügel aus Fotokarton aus und beklebe sie mit Eierschalenstücken.

5 Schneide dann Schnabel und Kamm aus Naturpapier aus und klebe sie an der Henne fest. Nach Belieben kannst du Stücke von bemalten Eierschalen aufkleben.

6 Das Auge ist eine kleine Holzscheibe mit aufgemalter Pupille. Den schwarzen Punkt nach dem Trocknen mit einem wasserfesten Stift aufsetzen.

7 Ergänze die Federn, bevor du die beiden Formen zusammenklappst und an der Oberkante zusammenklebst.

8 Eierschalen kannst du vor dem Zerbrechen mit Bastelfarbe bemalen. Die bunten Akzente machen sich wunderbar auf Deko-Eiern. Zum Aufkleben Alleskleber verwenden.

BASTELN MIT ... EIERSCHALEN

Aus Holzscheiben kannst du kleine Vögel basteln. Einfach wie abgebildet das Auge mit einem Watte- oder Holzstäbchen und weißer Farbe aufsetzen, Eierschale als Schnabel und Federn als Schwanz ankleben.

Das brauchst du:
- festen Fotokarton
- Naturpapierreste
- Holzscheibe
- Federn
- Hühnereier
- Bastelfarbe

Vorlagen Seite 117

Blütenkränze

1 Mit Lärchenzweig: An einen weichen Lärchenzweig die Blumenstiele mit dünnem Draht anbinden. Abschließend die Girlande mit Draht zusammenbinden.

2 Mit Satinband: Ein Sträußchen mit Draht an 6 mm breites Satinband (ca. 50 cm lang, ca. 15 cm an beiden Seiten freilassen) binden. Die Stängel auf 4–5 cm kürzen und das nächste Sträußchen anlegen und befestigen.

3 Flechten: Die Blumen mit einem langen Stiel abpflücken. Drei ca. 80 cm lange Satinbänder (3 mm breit) an einem Ende miteinander verknoten. Die Bänder ca. 20 cm verflechten. Dieses blumenlose Stück wird zum

BASTELN MIT ... BLUMEN

Das brauchst du:
- Wiesen- oder Gartenblumen (Bellies, Traubenhyazinthen u. a.)
- Satinband, 3 mm oder 6 mm breit
- dünner Draht
- Lärchenzweig

Zusammenbinden verwendet. Dann den ersten Blumenstiel einflechten. Das überstehende Stielende wegschneiden und die nächste Blüte ergänzen. Nach ca. sechs Blüten die Bänder wieder ohne Blumen flechten und abschließend verknoten.

Das brauchst du:
- verschiedene Blumen und Blüten
- Zapfen
- Blätterzweige
- Äste und Stöcke

Blüten-Mandala

1 Für ein Mandala brauchst du viele Blüten und Blätter. Natalie, Denise und Oscar haben einen kleinen Wagen zum Sammeln mitgenommen.

2 René hat schon mit dem Abschneiden der Stiele und Zuschneiden der Äste begonnen.

3 Natalie zeigt wie es geht: Lege zuerst den Kreis für die Sonne.

4 Dann wird die Fläche mit Blüten gefüllt und die Strahlen werden angesetzt. Du kannst auch noch ein lachendes Gesicht mit anderen Blüten einsetzen.

5 Mit den restlichen Blumen, Blättern und Stöckchen wird das Mandala weiter ausgestaltet.

6 Geschafft! Die lachende Sonne bringt nicht nur den Machern viel Freude, sondern auch Waldspaziergängern.

BASTELN MIT ... BLÜTEN UND BLÄTTERN

Sommer

Sommerzeit – Ferienzeit! Alles blüht in voller Pracht und beim schönsten Sonnenschein locken Seen und Flüsse mit erfrischendem Nass. Jetzt findest du knallbunte Blumen, schöne Gräser, hübsche Muscheln und bizarre Treibholzstücke.

Auf den folgenden Seiten zeige ich dir, wie du aus diesen Naturschätzen Bilder, Mobiles, Windlichter und vieles mehr machen kannst.

Oscar
(8 Jahre)

Familie Stein und der Pirat

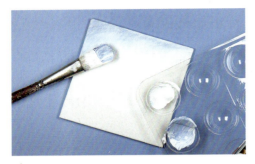

1 Auf den Karton ein Stück Himmel malen und gut trocknen lassen.

2 Dann Holzleim auf den unteren Teil des Rahmens streichen und Sand darüberstreuen. Wieder gut trocknen lassen, dann den überschüssigen Sand abschütteln.

3 Die Steine für die Figur aussuchen. Wenn sie glatt sind, lassen sie sich einfacher aufkleben und bemalen.

4 Die Steine mit einem dünnen Pinsel und Farbe oder Dekomarkern bemalen.

5 Schal und Hut des Piraten sind aus Stoff (siehe Vorlage). Diesen kannst du noch mit einem weißen Lackmalstift bemalen. Bast macht sich gut als Haare.

6 Gestalte dann das Gesicht mit Bunt- und Filzstiften (siehe Seite 9). Zuletzt legst du alle Einzelteile auf den Untergrund und klebst sie nacheinander auf.

Mit Steinen kannst du auch ein Bild von deiner ganzen Familie machen, das ist ein schönes Geschenk für Muttertag, Vatertag oder die Großeltern zum Geburtstag. Streifen und Muster kannst du auch mit Buntstift auf die Steine malen. Wolle macht sich gut als Haare. Dafür Wollfäden zusammenbinden, aufkleben und in Form schneiden. Wenn du Locken brauchst, trenne einen gestrickten Rest wieder auf.

Blütenprinzessinnen

Je dünner die Blüten sind, desto besser lassen sie sich pressen und trocknen. Dicke Rosenknospen gelingen manchmal nicht. Fertige dir eine Kollektion von Trockenblüten an, damit du beim Gestalten der Prinzessinnen eine große Auswahl hast.
Sei behutsam im Umgang mit getrockneten Blüten und Blättern, sie sind leicht zerbrechlich. Mehr zum Pflanzenpressen erfährst du auf Seite 8.

1 Die Prinzessinnen kleben auf Fotokartonstücken. Stich mit der Prickelnadel die beiden Löcher für die Aufhängung ein und vergrößere sie mit einem Schaschlikstäbchen. Nun lässt sich die Kordel leichter durchfädeln. Du kannst noch einen Rand aus Gräsern oder Blättern aufkleben.

2 Schneide mit Hilfe der Vorlage den Kopf aus hautfarbenem Fotokarton aus und male das Gesicht mit Bunt- und Filzstiften auf (siehe Seite 9).

3 Wähle dann die Blätter und Blüten für deine Prinzessin aus und klebe sie nacheinander mit Alleskleber auf den Fotokarton. Vergiss das Köpfchen nicht! Als Haarschmuck machen sich Hortensien und kleine Blätter sehr gut. Als Arme und Beine Kirschstiele ankleben.

Vögelchen und Sonne

Das brauchst du:
- Gräser, Ähren
- Mohnkapsel, Pistazien, Korken, Federn (Vögel)
- Modelliermasse (Sonne)
- Dekomarker (Lackmalstifte)

1 Stich in beide Seiten des Korkens mit einem Schaschlikstäbchen Löcher und klebe die Mohnkapsel und eine Feder oder Ähre ein.

2 Als Flügel kannst du Ähren, Gräser oder Federn ankleben.

3 Male die Pistazienschalen mit Dekomarkern an und klebe sie in die Krone der Mohnkapsel. Die Augen mit einem weißen Lackmalstift aufsetzen, trocknen lassen und den Punkt mit einem schwarzen Stift aufmalen.

BASTELN MIT ... BLÄTTERN UND GRÄSERN

Für die Sonne die Modelliermasse ca. 1–2 cm dick auswalzen und mit einem Becher als Schablone einen Kreis ausschneiden. Jetzt kannst du die verschiedenen Pflanzen einstecken. Die Augen und der Mund sind mit einem Bierdeckel eingedrückt. Zum Schluss mit einem Schaschlikstäbchen ein Loch eindrücken, dann kannst du nach dem Aushärten der Modelliermasse eine Aufhängung anbringen.

Ackerfreunde

1 Der Vogel besteht aus einfachen geometrischen Formen (siehe Vorlage). Die Formen mit der Laubsäge aussägen und die Kanten glatt schleifen.

2 Die Formen mit Bastelfarbe bunt bemalen. Für einen lasierenden Auftrag die Farbe mit Wasser verdünnen. Die Farbe trocknen lassen.

3 Die Flügel mit kleinen Nägeln auf dem Körper anbringen. Dann den Kopf mit Holzleim an den Körper kleben.

4 Als Auge eine Holzscheibe aufsetzen und mit Bastelfarbe bemalen. Die Federn an der Rückseite festkleben.

Die Vögel kannst du aufstellen oder aufhängen. Dazu entweder an einen Holzstab kleben oder ein Loch bohren und einen Aufhängefaden anbringen.

BASTELN MIT ... HOLZ

Das brauchst du:
- Sperrholzplatte, ca. 5 mm stark
- Bastelfarbe
- Hammer und kurze Nägel
- Aststücke
- Holzscheiben
- Holzlatte (Arme Vogelscheuche)
- Latte oder Leimholzreste (Körper Vogelscheuche)
- Stoffreste, Bindfaden, Bast (Vogelscheuche)
- Laubsäge, Holzsäge, Holzleim

Vorlagen Seite 120/121

Mit einer Zaunlatte oder einem alten Brett kannst du eine witzige Vogelscheuche basteln. Das Holzstück in zwei Teile sägen. Kopf und Körper mit einem Ast zusammenkleben und eine Latte als Arme annageln. Als Augen bemalte Holzscheiben, als Nase ein Aststück aufkleben. Wangen und Mund mit Bastelfarbe aufsetzen. Für den Hut ein Dreieck aus Sperrholz sägen, mit verdünnter Farbe bemalen und nach dem Trocknen zusammen mit den Basthaaren aufkleben. Aus Stoffresten die Flicken und das Halstuch zuschneiden und ankleben.

Muschelfiguren

1 Bemale den Deckel der Holzschachtel in verschiedenen Blautönen und lass die Farbe gut trocknen.

2 Klebe den Seestern mit Alleskleber oder Holzleim mittig auf die Schachtel und klebe die Muschel für die Nase auf. Nach dem Trocknen des Klebers die Nase bemalen und die Wackelaugen aufkleben.

3 Mit kleineren Muscheln kannst du die Dose weiter verzieren. Mit Holzleim klebt alles sehr fest, muss aber über Nacht trocknen (oder du verwendest Express-Holzleim).

BASTELN MIT ... MUSCHELN

Das brauchst du:
- Muscheln
- Holz- oder Pappschachtel oder Treibholzstück
- Bastelfarbe
- Wackelaugen
- Chenilledraht
- Kordel (zum Aufhängen)

Mit Treibholz vom Strand oder Ufer kannst du hübsche Bilder und Dekorationen basteln. Zum Aufhängen lass von einem Erwachsenen Löcher bohren und knote eine Kordel fest. Die Holzstücke und Muscheln kannst du auch mit Acrylfarbe bemalen. Für Körperteile, wie den Seepferdchenschwanz, kannst du Chenilledraht (Pfeifenputzer) verwenden.

Schiffchen

1 Schau dich am Strand oder Ufer um und du wirst viele Sachen entdecken, mit denen du Schiffchen bauen kannst, wie Muscheln, Treibholz, Kordeln, Federn und Steine. Oder du besorgst dir die entsprechenden Materialien im Bastelladen.

2 Bitte einen Erwachsenen, Löcher zum Einstecken des Mastes und für die Aufhängung in das Holzstück zu bohren. Einen Ast oder ein Holzstäbchen mit Holzleim einkleben und trocknen lassen.

3 Die Holzstücke kannst du mit Bastelfarbe bemalen und mit Alleskleber Steine und Muscheln aufkleben. An den Mast Stoffwimpel und Muscheln kleben.

4 Für das Mobile bemale einen Ast mit Flachpinsel und Bastelfarbe. Nach dem Trocknen Punkte mit Wattestäbchen, Heißklebepatrone oder Holzstäbchen aufsetzen. Damit die Farbe gut deckt, sollte sie nicht zu flüssig sein. Fädle dann die Fundstücke und das Schiff auf und knote sie an den Ast. Die Muscheln sind angeklebt.

Das brauchst du:
- Treibholzstücke
- Äste oder Stäbchen
- Muscheln
- Stoffreste
- Kordel
- Holzperlen
- Federn
- Kieselsteine
- Bastelfarbe

Lass dich von den Schiffen inspirieren und entwerfe selbst kleine Kunstwerke.

BASTELN MIT ... TREIBHOLZ

Über die Bastelfarbe kannst du auf Holz noch mit Wachskreide malen. Probiere es mal aus, das gibt schöne Effekte.

51

Witzige Dschungeltiere

1 Zebra: Hals und Beine sind Zahnstocher. Die Korken zusammenstecken, dann Kürbiskerne als Ohren ankleben und alles weiß bemalen. Nach dem Trocknen die Muster aufmalen. Die Wattekugel mit einem Messer halbieren (Erwachsene) und bemalen. Maul, Ohren und Wackelaugen aufkleben und das Gesicht bemalen. Ein Ästchen als Schwanz einstecken und die Holzperle ankleben.

2 Giraffe: Den Körper aus Korken und Schaschlikstäbchen zusammenfügen. Die Kürbiskerne als Ohren ankleben. Alles gelb bemalen. Nach dem Trocken das Muster aufmalen. Ein Ästchen als Schwanz einstecken und die Holzperle ankleben. Die Wackelaugen und die halbierte Holzperle aufkleben und das Gesicht bemalen. Zweigenden als Hörner ergänzen.

3 Elefant: Für den Körper einen Korken halbieren und Korkscheiben als Ohren ankleben. Der Kopf ist ein Stück vom Sektkorken, die Beine sind kleine Korken. Die Figur lila bemalen und auf einen halbierten, grün bemalten Stöpsel kleben. Wackelaugen und Rüssel aus Chenilledraht aufkleben und die Wangen röten.

BASTELN MIT ... KORKEN

4 Tiger: Für den Kopf eine Scheibe vom Sektkorken abschneiden, für die Füße eine Weinkorkenscheibe halbieren. Die Ohren aus Kork zuschneiden. Alles zusammenkleben/mit Zahnstochern verbinden und gelb bemalen. Nach dem Trocknen das Muster und die Gesichtslinien mit Lackmalstiften aufmalen. Wackelaugen, halbierte Holzkugel und Holzperlen als Hände ankleben und ein Stück Ast als Schnauze ergänzen.

5 Tukan: Den Korken bunt bemalen. Nach dem Trocknen einen hellgrünen Kreis als Auge aufsetzen. Trocknen lassen, dann einen weißen Punkt malen. Zuletzt die Pupille mit einem wasserfesten Stift malen. Einen Kürbiskern gelb anmalen, die Spitze abschneiden und als Schnabel ankleben. Die Federn ergänzen.

Das brauchst du:
- Korken
- Zweige (Oleander, Distel)
- Zahnstocher, Schaschlikstäbchen
- Bastelfarbe
- Wattekugeln, Holzperlen
- Wackelaugen
- Chenilledraht
- Fotokartonrest
- Federn
- Kürbiskerne

Vorlagen Seite 115

Du kannst Zahnstocher leichter in Korken stecken, wenn du die Löcher mit einem Schaschlikstäbchen vorstichst. Holzperlen kann man mit einem Messer auf einer schnittfesten Unterlage halbieren (Erwachsene). Korken kannst du sammeln oder Packungen mit verschiedenen Größen im Bastelladen kaufen.

Paradiesvögel

1 Schneide eine nicht zu dicke Scheibe von der Steckmasse ab und schneide mit einem kleinen Messer die gewünschte Form aus. Lege diese ins Wasser, bis sie durchfeuchtet ist.

2 Stecke die Blätter mit Stecknadeln fest. Je länger die Stecknadeln sind, desto besser halten die Blätter.

3 Bringe die Blumen mit schwarzen Glaskopf-Stecknadeln an. Du kannst auch Mohnkapseln als Augen verwenden. Diese mit ihrem Stiel einstecken und Blümchen aufstecken.

4 Den Vogel kannst du noch mit anderen Blumen dekorieren, indem du diese oben oder seitlich einsteckst. Löcher mit einem Schaschlikstäbchen vorstechen.

5 Den Vogel in einen Teller stellen und Wasser einfüllen. Nachts kannst du den Vogel im Wasser „schlafen" legen, tagsüber wieder hinstellen.

Wenn du die Vögel nachts ins Wasser legst, kann die Steckmasse sich wieder mit Wasser vollsaugen und die Blumen halten bis zu eine Woche. Beachte, dass die Standfläche gerade sein sollte. Der restliche Körper kann nach Belieben geformt sein, achte aber darauf, ihn gleichmäßig zu bestecken, damit er nicht an einer Seite zu schwer wird und überkippt.

BASTELN MIT ... BLÜTEN

Das brauchst du:
- Nass-Steckmasse
- Blumen und Blätter
- Mohnkapseln
- Blätter
- Stecknadel
- Glaskopf-Stecknadeln

Magnettafel mit Fischen

1 Grundiere die Holzplatte mit Magnetfarbe. Lass sie nach Herstellerangaben trocknen und trage dann eine zweite Farbschicht auf, so haften die Magnete besser.

2 Nach dem Trocknen der Magnetfarbe die Holzplatte mit weißer Bastelfarbe grundieren. Wieder trocknen lassen.

3 Male das Meer mit weißer und hellblauer Farbe auf. Benutze einen breiten Pinsel und trage im unteren Teil mehr weiße Farbe auf. Den Zweig rot bemalen und alles trocknen lassen.

4 Trage mit einem Pinsel Holzleim auf den unteren Teil der Platte auf und streue den Sand auf. Schüttle den Überschuss ab, indem du die Tafel senkrecht hältst. Klebe dann mit viel Holzleim Muscheln, Seestern und den bemalten Zweig auf.

Für die Magnetfische Muscheln und Steine mit Alleskleber zusammenkleben und nach dem Trocknen bemalen. Die erste Farbschicht immer trocknen lassen, bevor die nächste aufgesetzt wird, dann laufen die Farben nicht ineinander. Punkte kannst du mit Pinsel oder Stäbchen aufsetzen. Dann mit Alleskleber einen Magnet an der Rückseite anbringen.

BASTELN MIT ... STEINEN UND MUSCHELN

Das brauchst du:
- Holzplatte, ca. 32 cm x 25 cm
- Kieselsteine
- Magnetfarbe (Grundierung)
- Magnete, ca. 1 bis 1,5 cm
- Bastelfarben
- feinen Sand
- Muscheln, Seestern
- Zweig
- Kordel oder Bindfaden

Vorlagen Seite 124

Frosch und Schnecken

1 Wähle große, flache Steine in verschiedenen Größen für den Froschkörper aus und klebe sie mit Montagekleber zusammen (oder Erwachsene mit Zweikomponentenkleber). Über Nacht trocknen lassen.

2 Bemale die Steine für Kopf und Hals. Wenn die Steine dunkel sind, grundiere sie vorher mit weißer Farbe, dann leuchten die nach dem Trocknen aufgetragenen bunten Farben schön.

3 Für die Arme bemalst du die Äste. Den Körper kannst du mit Punkten verzieren, diese am einfachsten mit einem Wattestäbchen aufsetzen.

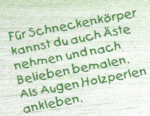

4 Klebe die rote Kordel als Mund auf und die kleinen Steine als Augen und Hals. Nasenlöcher und Pupillen mit einem Wattestäbchen und Bastelfarbe aufsetzen.

5 Mit Steinen kannst du auch Marienkäfer (siehe Vorlage) und Schnecken gestalten. Bemale die Steine und klebe das Schneckenhaus auf. Als Fühler Kirschstiele ankleben.

Für Schneckenkörper kannst du auch Äste nehmen und nach Belieben bemalen. Als Augen Holzperlen ankleben.

BASTELN MIT ... STEINEN UND SCHNECKENHÄUSERN

Das brauchst du:
- größere Steine für Körper und Kopf
- kleinere Steine für Hals und Augen
- Äste
- Kordel in Rot
- Bastelfarbe
- Schneckenhäuser
- Holzperlen, ø ca. 1 cm
- Kirschstiele
- Holzscheiben
- Moos

Das brauchst du:
- gepresste Blüten, Blätter und Gräser
- Gläser oder Schachteln
- Strohseide oder Seidenpapier
- Draht
- Glas- und Wachsperlen

Zarte Schmetterlinge

1 Du brauchst ein Stück Seidenpapier, das fast so groß wie das Glas ist. Leg das Papier herum und markiere die Größe, dann reiße es zurecht, streiche es mit einem Klebestift ein und klebe es auf.

2 Lege die Schmetterlinge erst auf deiner Arbeitsfläche zurecht, bevor du die Einzelteile aufklebst. Dazu den Klebstoff aufstreichen und die Pflanzen aufsetzen. Vorsicht mit den Trockenpflanzen, sie brechen leicht!

3 Die Fühler kannst du aus feinen Pflanzenteilen kleben oder mit einem wasserfesten, schwarzen Filzstift aufmalen.

Hübsch sind auch Karten und bemalte Holzschachteln mit aufgeklebten Blüten (rechts und im großen Bild hinten rechts). Oder du machst ein Gartenlicht zum Aufhängen aus einem Marmeladenglas. Fädle Perlen auf Draht und wickle diesen eng um den Glasrand. Für den Henkel kannst du den Draht stellenweise um ein Schaschlikstäbchen wickeln und kräuseln. Die Drahtenden des Henkels dann gut am Glasrand befestigen, indem du sie durchfädelst und viele Male um den Henkel herumwickelst.

BASTELN MIT ... BLÜTEN UND BLÄTTERN

61

Holzungeheuer

1 Oscar zeigt, wie das Männchen gemacht wird: Klebe mit Alleskleber Trockenbohnen als Zähne auf die Terrakottascherbe. Die Scherbe hat geschliffene Kanten und ist ein Fundstück vom Strandspaziergang.

2 Klebe mit Alleskleber die Feder, Muscheln und den vorbereiteten Mund an. Ergänze mit Holzleim das Holzstück als Hut.

3 Male mit einem schwarzen, wasserfesten Stift die Augen auf und klebe noch zwei Stöcke als Arme an. Holzleim am besten über Nacht trocknen lassen oder Express-Holzleim verwenden.

4 Natalie erklärt die Eule: Für die Augen klebe Leinen auf Karton und schneide zwei Kreise aus. Klebe Holzscheiben und rundherum kleine Trockenbohnen auf und male die Pupille auf.

5 Klebe die Augen dann auf die Baumrinde (oder Karton, Treibholz) und setze einen Stein als Schnabel auf.

6 Ergänze abschließend die Maiskörner, Federn und Nudeln.

Das brauchst du:
- Baumrinde oder Treibholz
- Federn
- Spiralnudeln
- Kieselsteine
- Holzscheiben
- Stoff- und Fotokartonreste
- Muscheln
- Trockenfrüchte
- Terrakottascherbe (Fundstück)

7 Oscar und Natalie sind stolz auf ihre Werke. Zum Aufhängen können Löcher in die Figuren gebohrt und Faden oder Kordel eingezogen werden.

Herbst und Halloween

Die kunterbunte Herbstzeit ist angebrochen! Die Wege liegen voller Früchte und Blätter, aus denen du die witzigsten Dekorationen basteln kannst: Kastanien werden zu kleinen Rennfahrern, Blätter zu übermütigen Tieren oder bunten Mandalas und Äste zu wilden Waldburschen.

Also hüpf rein in die Gummistiefel und hol dir einen ordentlichen Schwung kunterbunter Herbstschätze ins Haus. Mit getrockneten Blättern und Früchten kannst du auch an langen Wintertagen noch schöne Sachen machen.

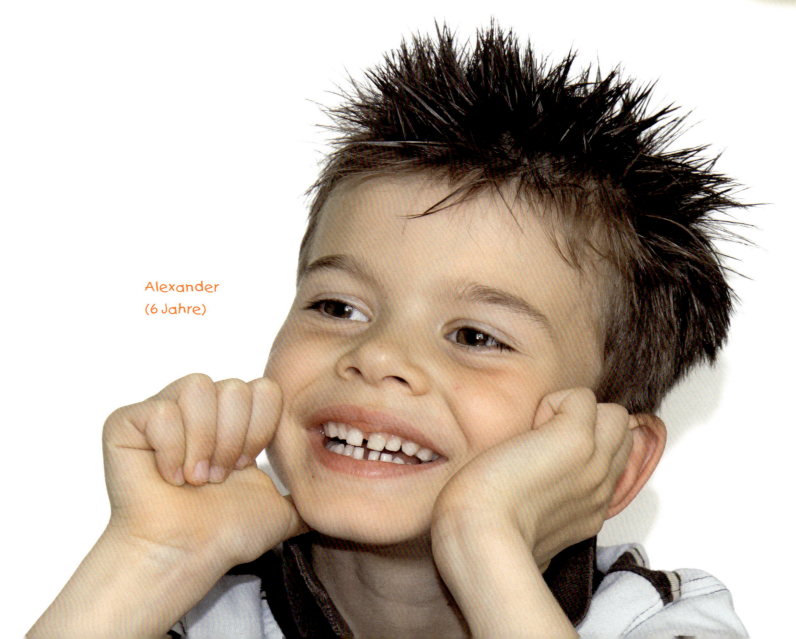

Alexander
(6 Jahre)

Baumstamm-Pärchen

1 Auf die Holzscheibe einen Eichelhut als Nase kleben. Das Gesicht bemalen (Seite 9). Für die Haare Bast oder Maisgras mittig zusammenbinden und aufkleben. Das Mädchen kriegt noch eine Schleife ins Haar.

2 Lass einen Erwachsenen die Löcher für Hals und Arme bohren. Klebe Holzperlen an die Kordelenden und klebe die Kordeln in die Löcher. Kopf und Körper verbinde mit einem Schaschlikstäbchen. Danach den Körper mit Beeren/Knopf dekorieren.

3 Für die Schnecke das Häuschen auf ein Holzstück kleben und kleine Holzscheiben für die Augen ergänzen. Die Augen mit Bastelfarbe aufmalen.

4 Einen Zaun kannst du mit Ästchen und Draht bauen. Ein langes Stück quer legen und mit etwas Abstand die kurzen Ästchen senkrecht auflegen und mit Draht anbinden.

5 Für Fliegenpilze Erdnüsse als Stamm nehmen und weiß bemalen. Walnusshälften rot bemalen und nach dem Trocknen weiße Punkte aufsetzen. Beides zusammenkleben.

6 Andere Pilze kannst du aus Aststücken und Eichelhüten basteln.

Du kannst die Figuren einzeln verwenden oder ein kleines Holzkistchen damit gestalten. Klebe die Baumkerle fest und dekoriere rundherum Moos, Zweige, Schnecken und Pilze. Oder du machst nur ein Pilztrio (links). Einfach alles auf eine Holzscheibe kleben.

Das brauchst du:
- Holzstämme, ca. 12–18 cm hoch
- Holzscheiben, ø 6 cm
- Schaschlikstäbchen
- Holzkugeln, ø 1,5 cm
- Papierdrahtkordel oder Bindfaden in Natur
- Bast, Maisgras (Haare)
- Holzknopf, Schleifenband
- Erd- und Walnüsse, Eichelhüte, Aststücke (Pilze)
- Treibholz, Schneckenhaus, Astscheiben (Schnecke)
- Bastelfarbe in Rot, Weiß und Schwarz
- Moos, Holzstücke, Zweige
- dünner Draht
- kleine Holzkiste

BASTELN MIT ... HOLZ

Hier ergänzen Sanddorn- und Berberitzezweige die Komposition. Aber schau im Garten, was du findest, auch Hagebutten, Gräser oder Blumen machen sich wunderbar.

Freche Eulen

1 Streiche den Bierdeckel mit Klebestift ein und klebe ihn auf ein Stück Packpapier. Drücke das Papier gut an und schneide die Form dann rundum aus.

2 Bemale den Körper mit Wachskreiden und/oder beklebe ihn mit Zeitungspapierstücken.

3 Dann ergänze mit Alleskleber die Blätter als Flügel und die Holzstücke als Beine.

4 Für die Augen brauchst du zwei Kreise aus Fotokarton, die du jeweils bis zum Mittelpunkt einschneidest. Schiebe dann die Ränder übereinander und klebe sie zum Trichter zusammen. Zum Trocknen mit einer Klammer zusammenhalten.

5 Klebe die Augentrichter auf und setze Eichelhütchen und Hagebutten ein. Ergänze noch ein kleines Blatt oder einen Kürbiskern als Schnabel und Blätter, Früchte oder Federn als Ohren – fertig ist die Eule!

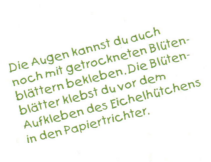

Die Augen kannst du auch noch mit getrockneten Blütenblättern bekleben. Die Blütenblätter klebst du vor dem Aufkleben des Eichelhütchens in den Papiertrichter.

Flinke Kastanienkerle

1 Löse die Blätter vom Maiskolben und kratze mit einem Löffel vorsichtig einige Körner vom Maiskolben ab, um ein Rechteck freizulegen.

2 Klebe ein zurechtgeschnittenes Maisblatt in das freigeschabte Rechteck.

3 Die Räder sind Kastanien mit gebohrten Löchern. Als Radachsen Schaschlikstäbchen auf Maiskolbenbreite kürzen. Die Kastanien aufstecken und die Achsen unter den Kolben kleben.

4 Für die Köpfe auch Kastanien nehmen und Löcher bohren. Ein Zündholz einstecken. Für den Körper Kastanien oder Äpfelchen verwenden und die Arme aus Zündhölzern einstecken. Immer abgebrannte Zündhölzer verwenden!

5 Jeweils Kopf und Körper zusammenkleben. Die Kastanienhüllen auf die Köpfe kleben.

6 Die Wackelaugen und Beeren als Nase aufkleben. Den Mund mit einem wasserfesten Stift aufmalen. Die Männchen dann mit Alleskleber oder Heißkleber (nur Erwachsene!) festkleben.

Mit Naturmaterialien kannst du auch hübsche Fensterketten machen. Einfach die gewünschten Fundstücke auffädeln. Kastanien sollten frisch sein, damit man sie mit einem Kastanienbohrer durchbohren kann. Mais kann in Stücke geschnitten werden. Bitte einen Erwachsenen, das zu übernehmen.

BASTELN MIT ... KASTANIEN

Das brauchst du:
- Maiskolben mit Blättern
- Kastanien und Kastanienhüllen
- kleine Äpfel
- rote Beeren
- Streichhölzer, Schaschlikstäbchen
- kleine Wackelaugen

71

Lustige Fledermäuse

Das brauchst du:
- Herbstblätter
- Wattekugeln, ø 3 cm
- Bucheckern
- Eichelhüte, Zapfen oder Holzstück
- rote Beeren
- Zweige
- Draht

1 Klebe in die Mitte der Wattekugel die Beere und male dann die Augen und den Mund. Die Wangen mit Buntstiftabrieb färben (siehe Seite 9).

2 Als Körper einen Zapfen oder ein Holzstück nehmen. Du kannst auch Eichelhüte aneinanderkleben (gut trocknen lassen). Für die Beine Draht um den Körper legen und zum Befestigen die Enden eng an der Form verdrehen.

3 Für die Ohren Bucheckern zuschneiden und ankleben. Den Kopf – eventuell mit einem Blatt dazwischen – an den Körper kleben und Blätter als Flügel ankleben.

BASTELN MIT ... BLÄTTERN UND FRÜCHTEN

Diese witzigen Fledermäuse kannst du an Zweigen hängen lassen. Einfach den Draht von den Beinen um das Holz wickeln, den Überstand mit einem Seitenschneider kürzen. Den Ast mit einer Schnur am Fenster anbringen.

Als Nase kannst du auch kleine rote Holzperlen nehmen. Für die Ohren eignen sich auch Pistazienhüllen oder Ahornsamen.

Wir hängen am liebsten an deinem Fenster rum.

Das brauchst du:
- Keilrahmen oder Holzplatte, 20 cm × 20 cm
- Äste
- gepresste Blätter
- Bastelfarben
- Fotokartonrest in Rot
- Bast

Vorlagen Seite 126/127

Blätter-Zoo

1 Suche vier Äste, die etwa so lang wie der Untergrund sind. Binde die Äste an den Ecken mit Bast zusammen und klebe den Rahmen mit Holzleim auf den Untergrund. Ein Buch auflegen und über Nacht trocknen lassen.

2 Male mit einem Buntstift das Gras auf. Wähle dann die Blätter für die Figur aus und lege sie probeweise auf den Untergrund, bevor du sie mit Alleskleber festklebst.

3 Bemale das Tier mit Pinsel und Farbe. Lass die Untergrundfarbe trocknen, bevor du die nächste Farbe aufsetzt. Feine Linien, wie Arme, Beine und Münder, mit einem wasserfesten Stift aufsetzen. Als Nase kannst du eine Hagenbutte oder einen Kreis aus Fotokarton aufkleben.

BASTELN MIT ... BLÄTTERN

Leg dir eine große Blättersammlung zu, dann kannst du immer neue Tiere entwerfen! Hier findest du ein paar Anregungen. Deine Tiere können stehen, gehen oder hüpfen; wandle einfach die Position der Arme und Beine ab.

Die Augen werden schön rund, wenn du Hilfsmittel zum Auftragen der Farbe verwendest, wie Heißklebepatrone, Wattestäbchen oder das stumpfe Ende eines Schaschlikstäbchens. Die Farbe auf einen Pappteller geben und den Stab nach jedem Abdruck wieder eintunken, dann werden die Kreise schön gleichmäßig.

Blättermandala

1 Grundiere den Bierdeckel weiß und male nach dem Trocknen den farbigen Kreis auf. Tortenpappe brauchst du nicht zu grundieren.

2 Setze dann mit bunten Farben die Kreislinien und die Verzierungen auf.

3 Nun klebst du die getrockneten Blätter auf. Gestalte zuerst den Rahmen. Fasse die Blätter behutsam an, sie gehen nach dem Trocknen leicht kaputt.

4 Klebe dann die Blätter in der Mitte auf. Diese kannst du noch mit Farbe dekorieren. Zum Aufhängen ein Loch mit der Prickelnadel einstechen und einen Faden durchziehen. Nach Belieben noch eine Holzperle anknoten.

BASTELN MIT BLÄTTERN UND BLÜTEN

Mit der gleichen Technik kannst du auch einen Holzrahmen dekorieren.

Witzig sind auch Figuren aus Blättern. Der Elefantenkopf klebt auf einer Pappscheibe, die anderen Teile sind angeklebt. Augen und Wangen mit Farbe aufsetzen.

Das brauchst du:
- getrocknete Blätter und Blüten
- Bierdeckel, Tortenpappe oder Bilderrahmen
- Holzperlen
- Bastelfarben

Vorlage Seite 128

Früchte-Theater

1 Wähle für den Kopf eine handgroße Frucht. Stecke den Holzstab hinein, bis die Frucht fest sitzt. Dann Augen und Mund mit wasserfesten Stiften malen.

2 Bringe die Nase mit einem Stück Zahnstocher an. Für die Haare zuerst Löcher mit einem Zahnstocher oder Schaschlikstäbchen stechen, dann die Kräuter/Gräser einstecken.

3 Zuletzt binde mit einem Band oder einem Bastfaden ein Stück Stoff um den Holzstab.

Das brauchst du:
- Obst/Gemüse für Kopf
- Schaschlikstäbchen
- Stoffreste
- Stoffband oder Bast
- Muscheln, Beeren, Früchte und Blätter
- Kräuter, Gräser oder Moos (Haare)
- Glaskopf-Stecknadeln

BASTELN MIT ... OBST UND GEMÜSE

Die Haare kannst du auch zuerst mit Band zusammenbinden und dann mit Alleskleber auf den Kopf kleben. Noch schneller geht es mit einer Heißklebepistole, diese sollten aber nur Erwachsene benutzen. Als Augen eignen sich auch Stecknadeln mit Glaskopf. Mit Obst und Gemüse kannst du ein ganzes Theaterpuppenensemble machen. Viel Vergnügen beim Geschichtenausdenken und Spielen!

Waldgeister

1 Du brauchst zwei Holzscheiben für die Augen und ein Aststück für die Nase. Klebe diese mit Holzleim auf den Ast. Du musst ein bisschen warten, bis alles trocken ist.

2 Male die Augen und den Mund mit Bastelfarbe auf und lass die Farbe gut trocknen, bevor du den Zahn aufmalst.

3 Die Pupille kannst du mit einem wasserfesten Filzstift aufsetzen. Klebe dann Moos für die Haare und Bärte fest.

4 Dieser Waldgeist bekommt ein Kleid aus Filzwolle, Kordel und/oder Wolle. Alles um den Ast wickeln und die Enden gut verknoten.

Buh! Ich bin der Waldgeist Schreckmach!

80

BASTELN MIT ... ÄSTEN

Das brauchst du:
- Äste mit Verzweigungen
- Holzscheiben
- Kordeln und Bast
- Wolle und Filzschnur
- Schneckenhäuser
- Aststücke
- Bastelfarbe

Kürbisgespenster

1 Bitte einen Erwachsenen, den Kürbis aufzuschneiden und und kratze die Samen/das Fleisch heraus.

2 Für die Augen stecke die Wattekugeln auf Zahnstocher und male die Pupillen mit einem schwarzen Lackmalstift auf.

3 Die Zahnstocher in den Kürbisrand schieben. Holzleim auf den Kürbisrand und Deckel geben, die Früchte einlegen und den Deckel aufkleben. Über Nacht trocknen lassen.

Das brauchst du:
- Kürbisse
- Wattekugeln
- Schneckenhäuser
- schwarze und rote Beeren
- Kastanien
- Zahnstocher
- Bastelfarbe

Vorlagen Seite 118

Es klappern die Sk...

BASTELN MIT ... KÜRBISSEN

Hier siehst du Gestaltungsvarianten. Diese Kürbisse sind nicht aufgeschnitten. Die unteren Kürbisse sind mit weißer Bastelfarbe bemalt. Nach dem Trocknen die Gesichter mit einem dicken Lackmalstift aufsetzen. Die Beeren als Haare mit dünnem Draht am Kürbisstiel anbringen.

...ette schaurig um die Wette...

Schmucke Bänder

1 Für Armbänder fädle Perlen und Holzscheiben auf eine Schnur. Knüpfe, wenn du Perlen an einem bestimmten Platz fixieren willst, davor und dahinter einen Knoten. Bei Knöpfen die Schnur gerade oder über Kreuz durch die Knopflöcher fädeln. Dünne Schnüre kannst du flechten. Dazu drei Fäden zusammenknoten und flechten. Die Perle auffädeln, dann auch das andere Ende verknoten.

2 Für einen Schlüsselanhänger lass einen Erwachsenen ein Loch in eine Holzscheibe oder einen Kern bohren. Ziehe einen Faden durch, auf den du die Perlen für Kragen, Kopf und Hut auffädelst. Mache dann einen Knoten und binde den Faden mit etwas Abstand an einen Metallring. Für die Arme einen Faden um den Hals der Figur knoten und kleine Perlen als Hände auffädeln. Die Fadenenden wieder verknoten. Das Gesicht und das Muster malst du mit Lackmalstiften auf.

Witzige Figuren machen sich toll als Schlüsselanhänger.

Das brauchst du:
- Holzperlen
- dünne, gewachste Kordeln
- Knöpfe
- Metallringe
- Pfirsich- und Kirschkerne
- Holzstücke
- Holzscheiben

Vorlage Seite 128/129

Ein süßer Glücksbringer! Nimm eine lange Schnur und fädle zuerst die Figur wie beim Schlüsselanhänger beschrieben auf. Ergänze dann auf beiden Seiten Perlen, ehe du die Schnurenden verknotest.

84

BASTELN MIT ... KERNEN, HOLZPERLEN UND PAPPE

Die Katze hilft dir, Ordnung zu halten und sieht herzig aus. Arme und Hals sind Streifen aus starkem Karton, der Kopf ist aus Fotokarton mit aufgeklebtem Gesicht aus Natur- und Packpapier. Der Körper ist aus Pappe. Für die Augen Fotokartonkreise ausschneiden, bemalen und aufkleben. Das Gesicht und Fellmuster mit Filz- und Buntstiften aufmalen. Als Nase einen mit Buntstift bemalten Pfirsichkern ankleben.

Für das Medaillon beklebe eine Holzscheibe mit Holzperle und Kirschkernen.

85

Das brauchst du:
- verschiedene Blätter
- Steine
- Hagebutten
- Blüten
- Zapfen
- Kastanien

Blätterschlangen

1 Anna Sophia zeigt dir, wie die Schlangen gemacht werden: Du brauchst Blätter. Nimm nur solche, die bereits heruntergefallen oder ganz locker am Busch sind.

2 Sammle ganz viele Blätter, dann kannst du lange Schlangen machen. Am besten, du lässt dir von Freunden helfen, ...

3 ... dann könnt ihr die Arbeit teilen. Alexander hat schon Hagebutten gesammelt.

4 Lege die Blätter aneinander oder leicht überlappend auf den Boden. Wenn du kein großes Blatt für den Kopf hast, lege viele kleine aus.

5 Dekoriere den Körper mit Kastanien und Hagebutten. Die Augen können Steine oder Blumen mit aufgesetzten Zapfen oder Hagebutten sein.

6 So entstehen schnell viele, viele Blätterschlangen.

Winter und Weihnachten

Das Jahr geht zu Ende – aber der Bastelspaß geht weiter. Nun haben Nüsse, Zapfen, Zitrusfrüchte, Holz und Stroh ihren großen Auftritt. Daraus entstehen putzige Kerlchen für besinnliche Weihnachts- und frostige Wintertage. Weil Weihnachten auch die Zeit des Schenkens ist, habe ich für dieses Kapitel besonders viele Geschenkideen entworfen – für dich und deine Lieben!

Anna Sophia
(7 Jahre)

Füchse im Winterwald

Das brauchst du:
- Mandel, Zapfen
- Bastelfarbe in Weiß
- Bucheckern oder Ahornsamen
- Wacholderbeere oder schwarze Holzperle
- Ähre, Ästchen, Holzscheibe
- Pappe und Tannengrün
- Wellpappe, 1 cm breit, 50 cm lang

Vorlagen Seite 125

1 Für den Fuchskopf brauchst du eine Mandel. Bemale diese mit Bastelfarbe und ergänze nach dem Trocknen die Augen mit einem schwarzen Filzstift.

2 Als Ohren Ahornsamen oder geteilte Bucheckern und als Nase eine Wacholderbeere oder schwarze Holzperle ankleben.

3 Den Kopf mit Alleskleber oder Heißkleber (nur Erwachsene!) an den Zapfen kleben.

4 An das Zapfenende eine Ähre als Schwanz ankleben. Oder du nimmst Filzwolle.

5 Nun noch Beine aus Ästchen ergänzen. Klebe sie in die Zapfen hinein, dann halten sie besser. Den Fuchs abschließend auf die Holzscheibe kleben.

6 Für den Baum klebe den Ast an den Anfang des Wellpappestreifens und rolle diesen eng auf. Klebe das Streifenende fest, fertig ist der Stamm. Beklebe dann das Dreieck aus Pappe mit Zweigen, Rinde und Ilex. Klebe das fertige Dreieck an den Stamm.

BASTELN MIT ... NATURMIX

Zapfenfiguren

1 Klebe mit Alleskleber oder Holzleim eine Holzkugel auf den Zapfen. Holzleim muss über Nacht trocknen.

2 Gestalte dann den Kopf mit einem Kürbiskern als Schnabel, Linsen als Augen und einer Feder. Die Pupillen male mit Lackmalstift auf. Auf der Rückseite noch die Federn/Ahornfrüchte als Flügel ankleben, dann den Vogel auf die Holzscheibe oder in ein Moosbett setzen.

Das brauchst du:
- Zapfen
- Holzperlen (Kopf)
- Kürbiskerne
- Trockenlinsen (Augen)
- Federn/Ahornfrucht
- Moos
- Holzscheiben
- getrocknete Orange, Kastanienschale, Filz, Eichelhut, Holzhalbkugel, Baumringe (Männchen)

Vorlage Seite 125

Die Vögel hängen auch gerne in Ästen oder am Fenster rum. Lass dafür die Holzscheibe weg und bringe stattdessen einen Aufhängefaden an.

BASTELN MIT ... ZAPFEN

Prinzessin und Ritter werden aus Fichtenzapfen gebastelt, die mit Moos in eine Baumrinde geklebt sind. Verwende Holzleim und stütze die Zapfen während des Trocknens ab.

Für den Kopf nimmst du eine große Holzperle. Klebe eine Holzhalbkugel als Nase auf, bemale alles hautfarben und gestalte dann das Gesicht (siehe Seite 9). Die Haare sind aus Filz oder Sisal und werden mit Alleskleber befestigt. Darauf die Hüte setzen. Der Ritter bekommt noch ein Schild aus Orangenscheibe und Eichelhut angeklebt.

... der Ritter befreite die schöne Prinzessin und sie lebten glücklich und zufrieden mit ihren Lieblingsvögeln ...

Erdnusskerlchen

1 Du kannst die Erdnüsse unbemalt verwenden oder mit Bastelfarben bemalen. Lass eine Farbe immer gut trocknen, bevor du eine weitere aufträgst, dann kann nichts verlaufen oder verwischen.

2 Pinguin: Er bekommt Flügel und Schnabel aus Papier angeklebt. Das Gesicht gestaltest du wie auf Seite 9 beschrieben.

3 Rentier: Stecke mit einem Streichholz eine kleine Erdnuss als Kopf auf eine andere als Körper. Die Ohren aus Tonpapier ausschneiden und aufkleben, Nase und Augen mit Farbe aufmalen. Für Hörner, Arme und Beine Löcher stechen und sie einkleben. Zuletzt das Band um den Hals binden.

4 Weihnachtsmann: Bemale den unteren Teil der Erdnuss und den Eichelhut in Rot. Trocknen lassen, dann den weißen Bart und die Nase aufmalen. Die Augen setzt du mit Lackmalstift auf. Klebe den Chenilledraht als Mützenrand um den Kopf. Zuletzt stecke die Arme ein und klebe die Bommel an den Hut.

5 Schneemann: Bemale Eichelhut und Erdnuss und klebe sie nach dem Trocknen zusammen. Das Gesicht gestaltest du wie auf Seite 9 beschrieben. Klebe den Pompon auf den Hut und binde ein Band um den Hals.

Verwende zum Basteln angebrannte Zündhölzer, dann kann nichts passieren. Das Anzünden der Streichhölzer sollte ein Erwachsener übernehmen.

Das brauchst du:
- Erdnüsse
- Eichelhüte
- Pompons, ø 7 mm
- Tonpapierreste
- Bänder, Bast
- Chenilledraht
- Streichhölzer
- Velours-Zylinder
- Ästchen

Vorlagen Seite 126

BASTELN MIT ... ERDNÜSSEN

Mit Erdnüssen kannst du alle möglichen Figuren bauen, nicht nur zur Weihnachtszeit.
Lass dich inspirieren und probiere selbst neue Figuren aus!

Kartoffeldruck

Mit Kartoffeln und Karotten kannst du Karten, Bilder, Packpapiere, Geschenktüten, Pakete und vieles mehr dekorieren. Wenn du Stofffarben statt Bastelfarben verwendest, kannst du Stoff gestalten und Dinge wie Taschen, T-Shirts und Schürzen verzieren. Beachte bitte auch die Herstellerangaben auf den Farbdöschen.

1 Für die Baumkrone, den Vogel-, Eulen- und Pinguinkörper brauchst du Kartoffeln. Schneide sie in der Mitte durch und tupfe sie auf einem Küchenpapier ab. Kleinere Kreise setzt du mit einer Möhre auf. Für Vierecke schneidest du eine Kartoffel entsprechend zu. Halbkreise entstehen aus halbierten Kartoffeln, die du noch einmal durchschneidest.

2 Du kannst auch Motive mit einem Messer in die Kartoffel/Karotte schneiden, zum Beispiel die Dreieckformen für die Eulenaugen und Räder der Lokomotive. Dafür an den Stellen, die nicht gestempelt werden sollen, die Kartoffel wegschneiden.

3 Trage die Farbe mithilfe eines Pinsel gleichmäßig auf und drücke die Kartoffel fest auf den gewünschten Untergrund. Nach dem Trocknen stempelst du die nächste Farbschicht je nach Motiv darüber oder daneben. Wieder trocknen lassen, dann kannst du weitere Verzierungen mit Bunt- und Filzstiften malen. Mit den Stempeln kannst du gleichzeitig mehrere Gegenstände dekorieren. Trage aber nach jedem Abdruck neue Farbe auf. Wenn du die Farbe wechseln willst, wische den Stempel erst mit einem feuchten Tuch ab.

BASTELN MIT ... KARTOFFELN UND FARBE

piep...piep...

Das brauchst du:

- Kartoffeln
- Karotten
- Küchenmesser
- Bastel- oder Stofffarbe
- Packpapier, Schachtel, Karte
- Filzstifte, Buntstifte

Vorlagen Seite 129

Für den Zug schneide die Kartoffeln würfelig zu, trage die Farbe auf und setze die Teile des Zuges auf. Für die Räder nimmst du Karotten. Schneide die Karotte sternförmig ein und schneide die Schnitte noch einmal schräg an, damit sie breiter werden. Die Verzierungen mit Bunt- und Filzstiften malen.

97

Salzteigstadt

1 Baum: Färbe etwas Salzteig grün und gelb, indem du Speisefarbe dazugibst und alles gut verknetest. Den grünen Teig flachdrücken und den Baum ausschneiden. Dann weiße Salzteigwürstchen rollen und aufsetzen. Mit gelben Kugeln schmücken, in die du Nelken steckst. Zuletzt forme einen gelben Ball und stich ein Loch mit einem Ast ein.

2 Haus: Schneide die Form mithilfe einer Papierschablone und einem Messer zu. Stanze das Fenster mit einem Ausstecher aus. Dekoriere die Form mit Salzteigröllchen und Gewürzen. Löcher und Linien mit einem Stäbchen eindrücken, Dreiecke mit der Scherenspitze. Für das Dach kannst du den Salzteig auch mit Kakao braun färben und an das weiße Haus ansetzen. Den Übergang mit einer Rolle verdecken. Noch eine Bodenfläche anfertigen und in diese eine Rille zum Aufkleben des Hauses eindrücken.

3 Eule: Den Körper mit einem runden Metallausstecher stanzen. Von der Form oben und eventuell seitlich Teile abstechen. Das Muster mit der Scherenspitze eindrücken. Die Augen aus gelbem Salzteig formen (siehe Schritt 1) und aufsetzen. Nelken und Mandeln eindrücken. Zuletzt den Flügel formen und aufsetzen.

Salzteig-Rezept
- 200 g Weizenmehl
- 200 g feines Salz
- ca. 125 ml Wasser
- 1–2 Teelöffel Tapetenkleister

Gib die Zutaten in eine Schüssel und verknete sie etwa zehn Minuten. Fülle den Teig dann in eine Plastiktüte und lass ihn zwei Stunden ruhen, bevor du daraus Figuren formst.

Die Figuren gut durchtrocknen lassen. Dann eine Stunde bei 75 Grad und eine weitere halbe Stunde bei 100 Grad im Ofen backen.

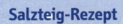

Zum Zusammenfügen des Baums den Ast in den Fuß kleben und den Baum mit Holzleim daran festkleben. Erwachsene können Heißkleber verwenden.

Gewürzmännchen

1 Schneide dünne Apfel- oder Orangenscheiben zu und lass sie auf einem Tuch oder Zeitungspapier an einem warmen Platz trocknen. Die Holzscheiben, wenn nötig, mittig bohren. Bitte einen Erwachsenen, dies zu übernehmen.

2 Für die Männchen oben lege einen Faden doppelt. Fädle auf beide Enden jeweils eine Holzscheibe und eine Holzperle und verknote die Fadenenden. Lass etwas Abstand und mach dann einen Knoten in beide Fäden, bevor du die Apfel-/Orangenscheiben und die Holzscheiben auffädelst.

3 Schneide für den Kopf zwei gleich große Fotokartonkreise aus. Auf einen malst du das Gesicht (siehe Seite 9). Die Nase ist hier ein Eichelhut. Klebe dann die Kordel des Körpers zwischen die beiden Kopfteile und Moos als Haare auf.

4 Du kannst den Körper auch mit einer Käseschachtel basteln. Klebe die Naturmaterialien mit Holzleim auf den Untergrund und lass das Ganze über Nacht trocknen. Du kannst auch Alleskleber nehmen, dieser trocknet schneller. Stich dann mit der Prickelnadel Löcher für Arme, Beine und Hals in die Käseschachtel. Knote Bindfadenstücke an und fädle die Naturmaterialien auf. Als Abschluss jeweils einen Knoten setzen. Der Kopf wird wie oben beschrieben gebastelt und festgeklebt.

BASTELN MIT ... GEWÜRZEN

Das brauchst du:
- Fotokartonreste
- Orangen- oder Apfelscheiben
- Holzscheiben
- Moos
- Eichelhüte
- Bindfaden
- Holzperlen
- Käseschachtel, Maiskörner, Sternanis, Trockenbohnen, Zimtstangen (nur Männchen rechts)
- Stern-Metallausstecher (nur Fensterkette)

Vorlagen Seite 131

Mit getrockneten Orangenscheiben und aus Orangenschalen ausgestanzten Sternen (mit einem Metall-Ausstecher) kannst du auch eine hübsche Fensterkette basteln.

Beerenstarke Eislichter

1 Das große Gefäß muss gerade Wände haben oder nach oben weiter werden. Setze einen Plastikbecher hinein und befestige diesen mit Klebeband. Der Becher sollte mindestens 2–3 cm über dem Boden hängen.

2 Schneide das Klebeband mittig durch und klebe es an den Becherinnenseiten fest.

3 Fülle die Naturmaterialien in den Zwischenraum. Gieße dann Wasser in das Glas und stelle es über Nacht ins Freie (bei Frost) oder in den Gefrierschrank. Die Gefäße dann unter warmes Wasser halten, damit sich das Eis leicht anlöst. Die Eisform herausnehmen und mit einem Teelicht ins Freie stellen.

BASTELN MIT ... ZWEIGEN UND BEEREN

Das brauchst du:
- Glas- oder Plastikgefäße
- Plastikbecher
- Klebeband
- Naturmaterialien, wie Ilex, Zapfen, Zweige und Mistel

Du kannst nicht nur Lichter, sondern auch Eisscheiben mit Figuren machen. Diese sind ein hübscher Outdoor-Schmuck an frostigen Wintertagen. Sobald es wärmer wird, schmilzt die Eisscheibe.

Die Figur besteht aus Mohnkapsel, Zweig und Grün. Binde alles mit Band oder Draht zusammen und knote eine Aufhängeschnur an. Male das Gesicht mit wasserfesten Stiften auf. Lege die Figur in eine flache, mit Wasser gefüllte, etwas größere Schale oder einen Blumenuntersetzer und lass sie gefrieren.

103

Witzige Holzscheiben

1 Stern: Klebe die Bastelhölzer mit Holzleim aufeinander. Befestige die kleinen Holzscheiben auf den Strahlen und die große in der Mitte. Das Motiv mit wenig weißer Farbe bemalen. Das Gesicht aufmalen (siehe Seite 9) und als Nase einen Eichelhut aufkleben.

2 Kristall: Schneide die Äste zu und bemale sie mit weißer Farbe. Nach dem Trocknen klebst du sie hinter die Holzscheibe. Das Gesicht aufmalen, als Nase eine halbe Holzperle oder rote Beere nehmen.

3 Schneemann: Bohre Löcher in die Holzscheiben. Füge sie mit Draht zusammen und bemale sie weiß. Nach dem Trocknen noch das Gesicht gestalten, Moos als Haare ankleben und ein Band als Schal umbinden.

BASTELN MIT ... HOLZSCHEIBEN

Das brauchst du:
- Holzscheiben in verschiedenen Größen
- Eisstiele/Bastelhölzer
- Ästchen
- Holzperlen in Rot
- Moos
- Schleifenband
- Eichelhut
- Bastelfarbe

Vorlagen Seite 132

Kecke Fruchtmännchen

1 Schneide dünne Orangenscheiben zu und trockne sie auf einem Tuch oder Zeitungspapier an einem warmen Platz. Du kannst aber auch frische Scheiben nehmen.

2 Schiebe den Mohnkapselstiel durch die Orangenscheibe und stecke ihn in die Orange. Die Löcher kannst du mit einem Schaschlikstäbchen vorstechen.

3 Bringe dann seitlich Zweige als Arme an. Die Löcher vorher mit einem Schaschlikstäbchen einstechen.

4 Male nun Augen und Mund mit Bastelfarbe und Lackmalstift auf. Als Nase ein Maiskorn ankleben. Stecke noch ein paar Nelken in die Orange, das duftet fein.

5 Für die Haare binde kleine Äste mit einen Band zusammen und klebe sie auf.

Das brauchst du:
- Apfel
- Mandarinen
- Zapfen
- Mohnkapsel
- Äste, Tannenzweige
- Nelken, Maiskörner
- Silberblatt (Flügel)
- Draht
- Bastelfarbe

BASTELN MIT ... FRÜCHTEN

Die Figuren halten länger, wenn sie kühl stehen. Du kannst die Früchte nach Belieben variieren, so entstehen ganz unterschiedliche Figuren. Die Machart ist immer die Gleiche.

Engelsquartett

Das brauchst du:
- Kaminholzscheite
- große Styroporkugel
- Holzhalbkugeln
- Wollreste
- Bastelfarbe
- feinen Sand
- Glaskopf-Stecknadel
- Dekosterne
- Weidenzweige, Draht, Wachsperlen oder Papier/Filz (Flügel)
- Holzstab

Vorlagen Seite 133

1 Stecke die Styroporkugel auf den Holzstab und klebe die Halbkugel mit Bastelkleber als Nase auf. Bemale den Kopf dann mit Bastelfarbe, in die du etwas Sand gemischt hast. Gut trocknen lassen.

2 Bitte einen Erwachsenen, Löcher für Hals und Flügel in das Holzscheit zu bohren. Klebe den Hals ein und bemale den Körper mit einem trockenen Pinsel und ganz wenig Farbe.

3 In die seitlichen Löcher klebst du mit Holzleim die Weidenästchen. Gut trocknen lassen, dann den Draht mit aufgefädelten Wachsperlen herumschlingen. Oder du klebst Papier-/Filzflügel an.

4 Klebe nun die Dekostücke, wie kleine Herzen oder Sterne, auf den Körper.

5 Bemale das Gesicht wie auf Seite 9 beschrieben. Als Augen dienen Glaskopf-Stecknadeln. Für die Haare binde Wollfäden zusammen, klebe sie auf den Kopf und schneide sie nach dem Trocknen in Form.

BASTELN MIT ... HOLZSCHEITEN

109

Strohbasteleien

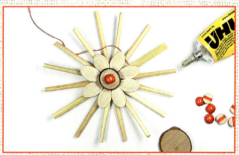

1 Jeweils zwei gleich lange Strohhalme zum Kreuz aufeinanderkleben. Die beiden Kreuze versetzt aufeinanderlegen. Die Sterne verbinden: Einen Faden anlegen und abwechselnd vor und hinter die Halme führen.

2 Noch einen solchen Stern anfertigen. Unter den ersten legen und den Faden zum Verbinden wieder webend herumführen.

3 Die Sternmitte mit Kürbiskernen, Holzscheibe und halbierter Holzperle dekorieren.

BASTELN MIT ... STROH

Das brauchst du:
- Strohhalme
- Holzscheiben, Kürbiskerne, Holzperlen, Holzsterne
- Holzkugeln, ø 1,5 cm
- Zimtstangen
- Bucheckern
- Silberblatt (Mondviole)
- Bänder
- Knöpfe
- Draht

Vorlagen Seite 133

Oh du schöne Weihnachtszeit ...

4 Für ein Männchen die Strohhalme ca. zwei Stunden in Wasser legen. Dann die Strohhalme für die Arme an den Enden mit Draht zusammenbinden. Das Körperteil darüber falten und abbinden. Einen Zahnstocher einstecken ...

5 Als Körper kannst du auch eine Zimtstange nehmen, in die du einen Zahnstocher klebst. Die Holzkugel als Kopf aufkleben und das Gesicht bemalen (Seite 9). Flügel, Hut und Verzierungen ankleben und die Bänder umbinden.

Wintergarten

Das brauchst du:
- Schnee
- Orange
- Äste
- Kastanien, Nüsse
- Kartoffeln
- Zapfen
- Schal und Handschuhe

1 Florin, Maria und Daria zeigen, wie es geht: Rolle mit Freunden zwei große Schneekugeln für den Körper. Am besten eignet sich Schnee, der schon eine Weile liegt, weil frischer Schnee oft zu weich ist.

2 Für den Kopf forme eine Kugel und setze diese auf den Körper. Das geht besser, wenn man zu zweit oder zu dritt ist.

3 Als Haare suche ein paar Zweige und stecke sie in den Kopf. Du kannst auch Äste, einen alten Hut oder einen Topf nehmen.

4 Für die Arme Stöcke einstecken. Kastanien sind die Augen, eine Orange ist die Nase. Stecke die Orange vorher auf einen Ast und damit in den Kopf.

5 Zum Anbringen der Korken und Nüsse stich mit dem Finger oder einem Stock Löcher in den Körper und drücke sie hinein. Um den Bauch kannst du noch Zapfen legen.

6 Nun fehlen nur noch die Ohren – hier sind es halbierte Kartoffeln –, der Schal und die Handschuhe. Die drei Kinder sind sehr zufrieden mit ihrem Werk!

Witzig sieht es aus, wenn um den Schneemann herum Blumen sprießen. Für die Blumen brauchst du eine Holzscheibe, an die du einen Holzstab klebst oder nagelst. Beklebe die Holzscheibe mit Naturmaterialien. Damit alles gut hält, verwende Holzleim und lass diesen über Nacht trocknen.

112

Vorlagen

Buntes Natur-ABC
Seite 10–13

Witzige Dschungeltiere
Seite 52/53

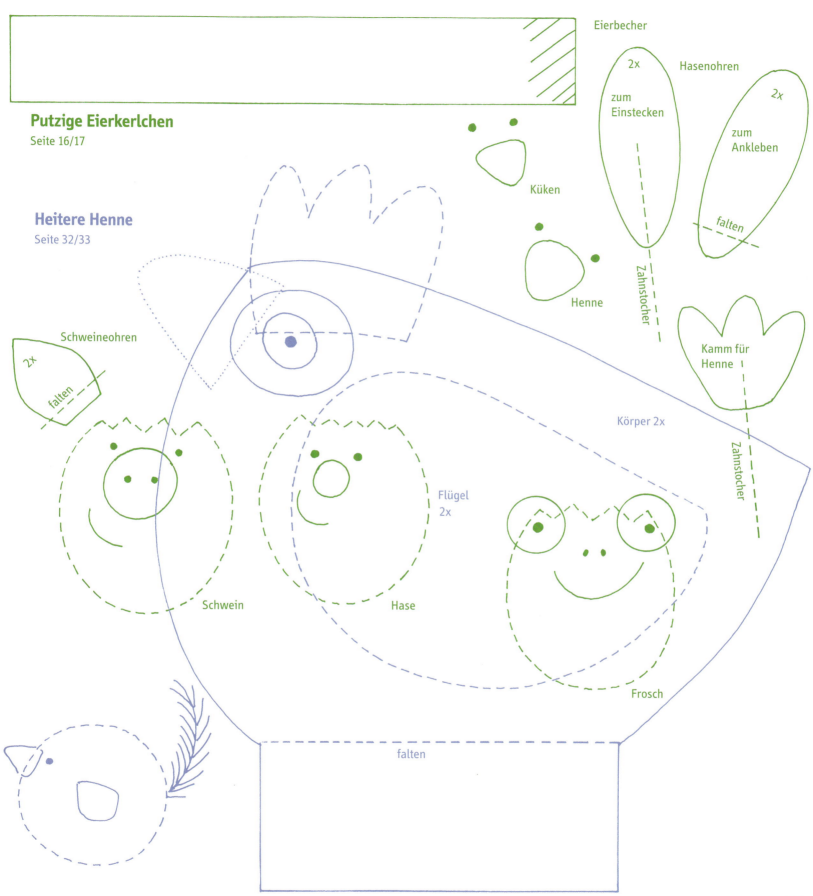

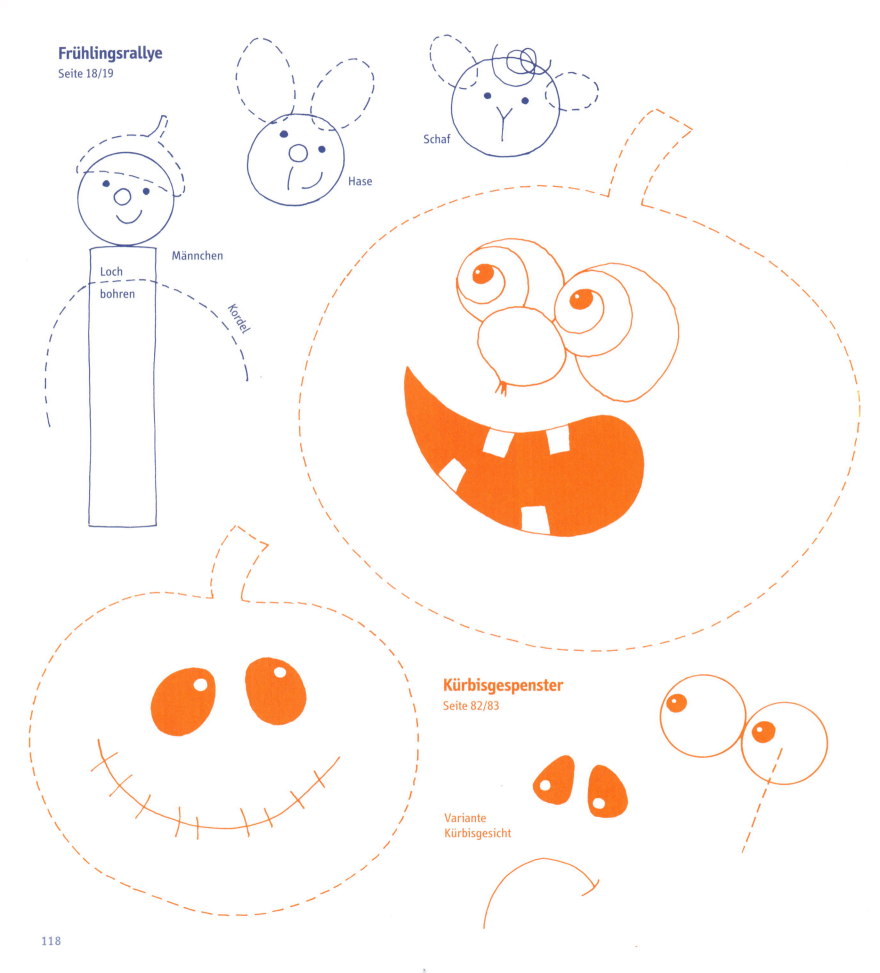

Radiergummiabdruck
Pinselabdruck

Körper mit Pinsel malen

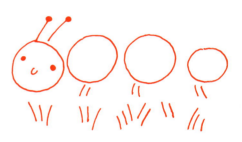

Kunterbunte Insekten
Seite 28/29

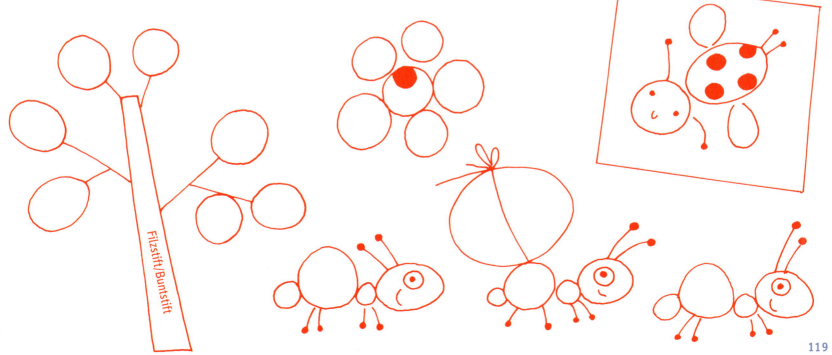
Filzstift/Buntstift

Ackerfreunde
Vogel
Seite 46/47

Familie Stein und der Pirat
Seite 40/41

Flügel

120

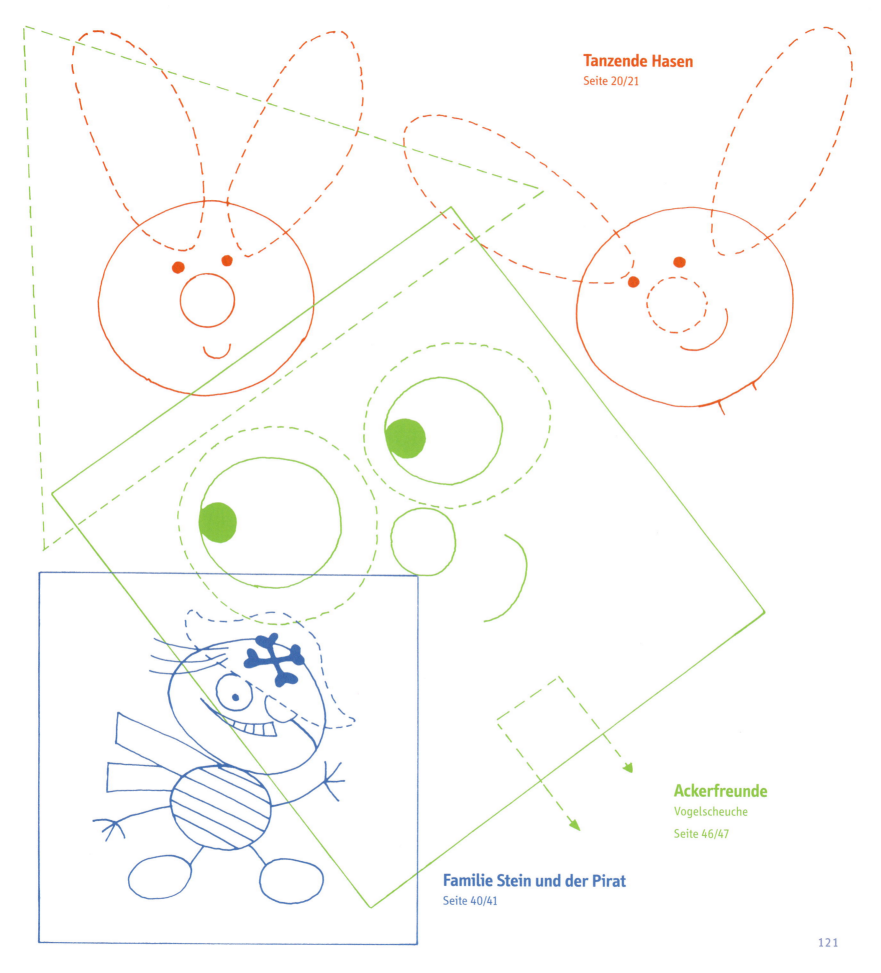

Hübsche Blütenkarten
Seite 30/31

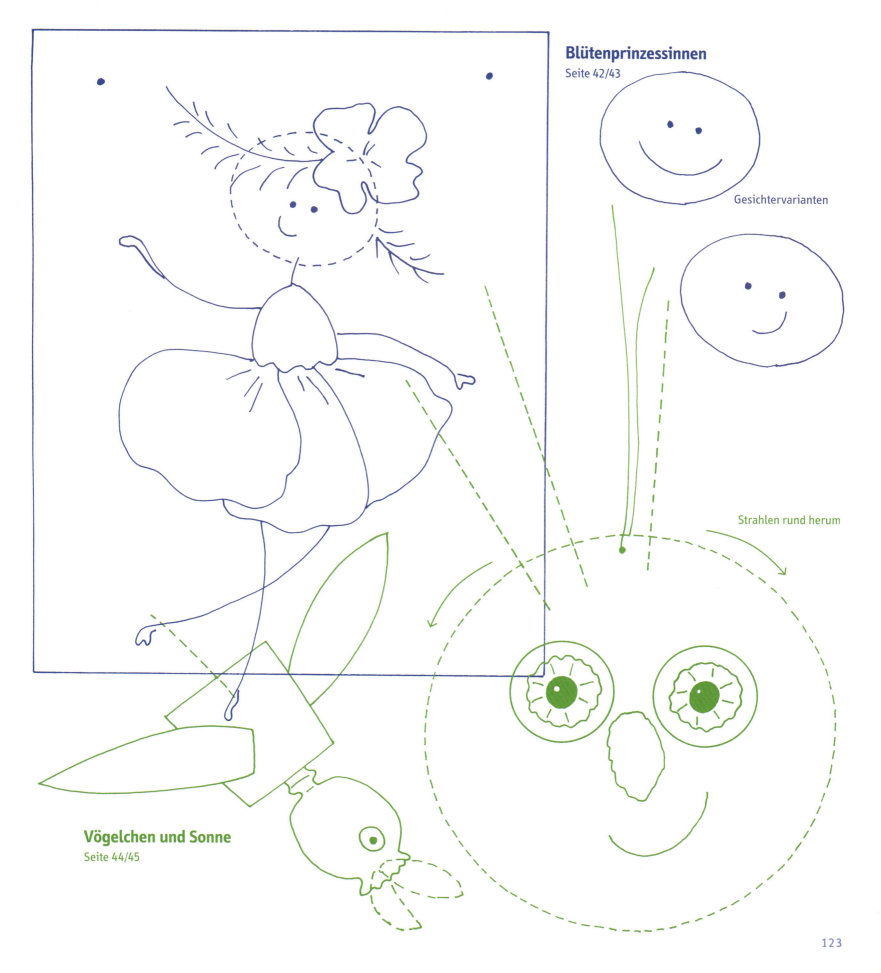

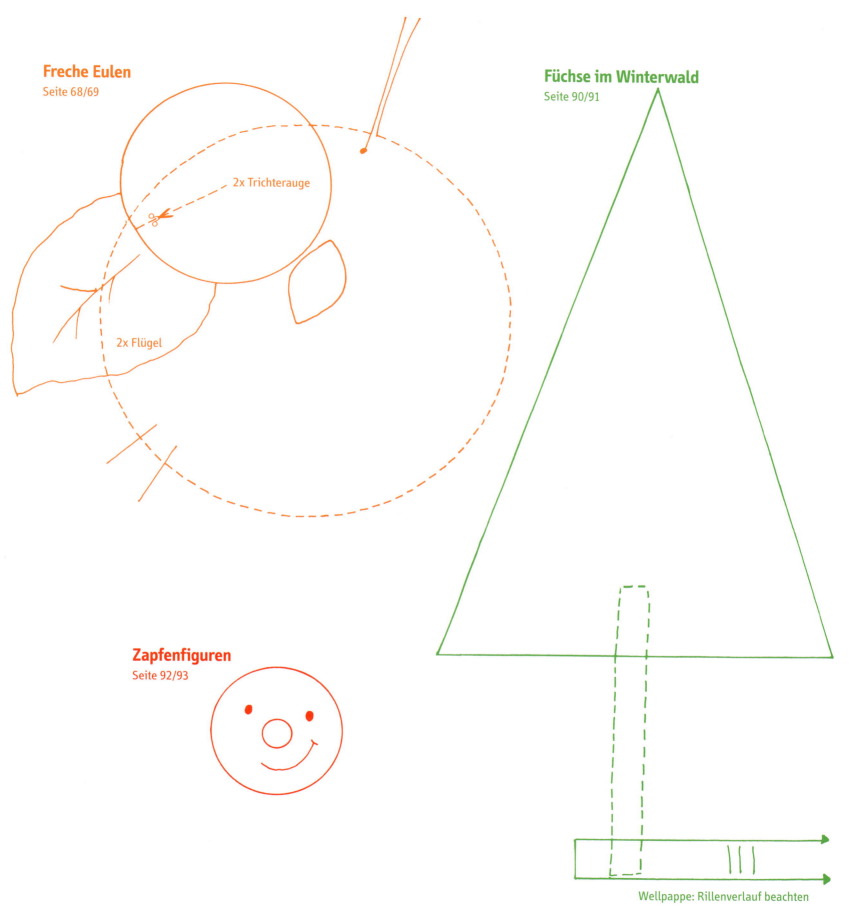

Blätter-Zoo
Seite 74/75

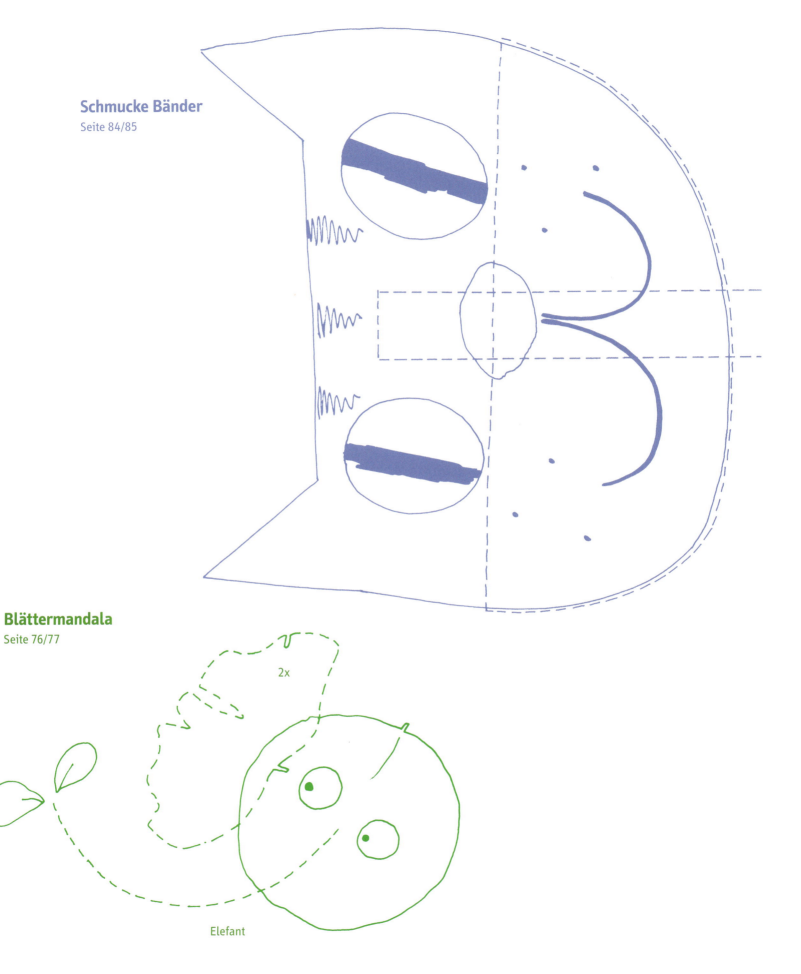

Schmucke Bänder
Seite 84/85

Blättermandala
Seite 76/77

2x

Elefant

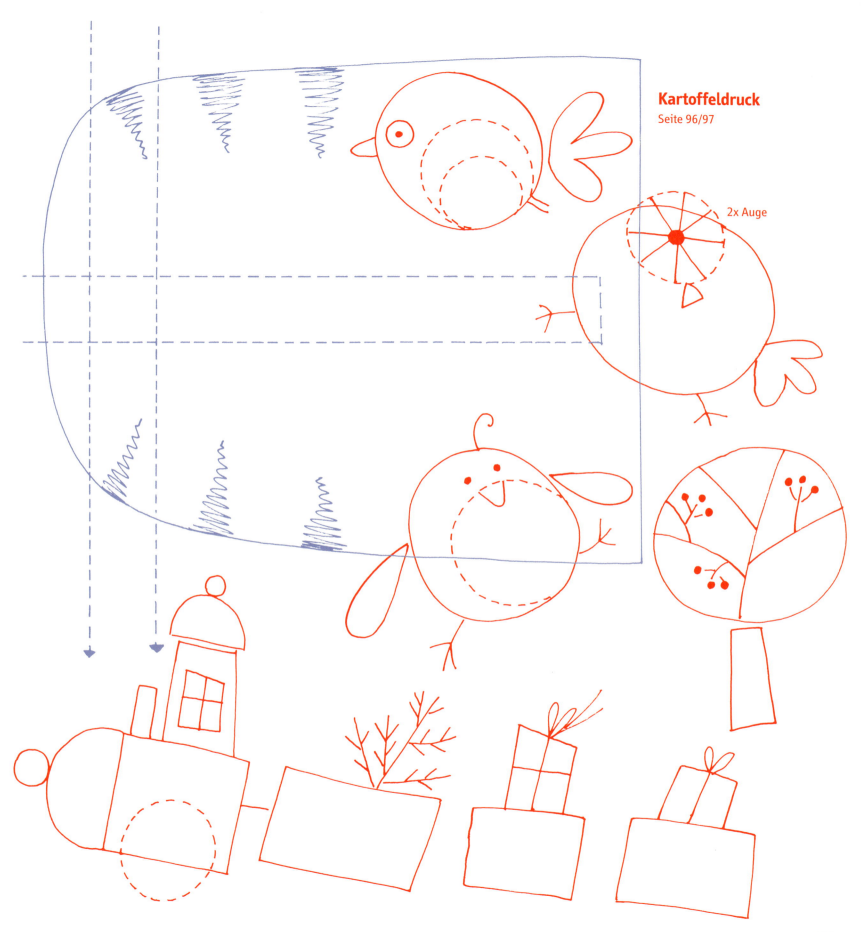

Kartoffeldruck
Seite 96/97

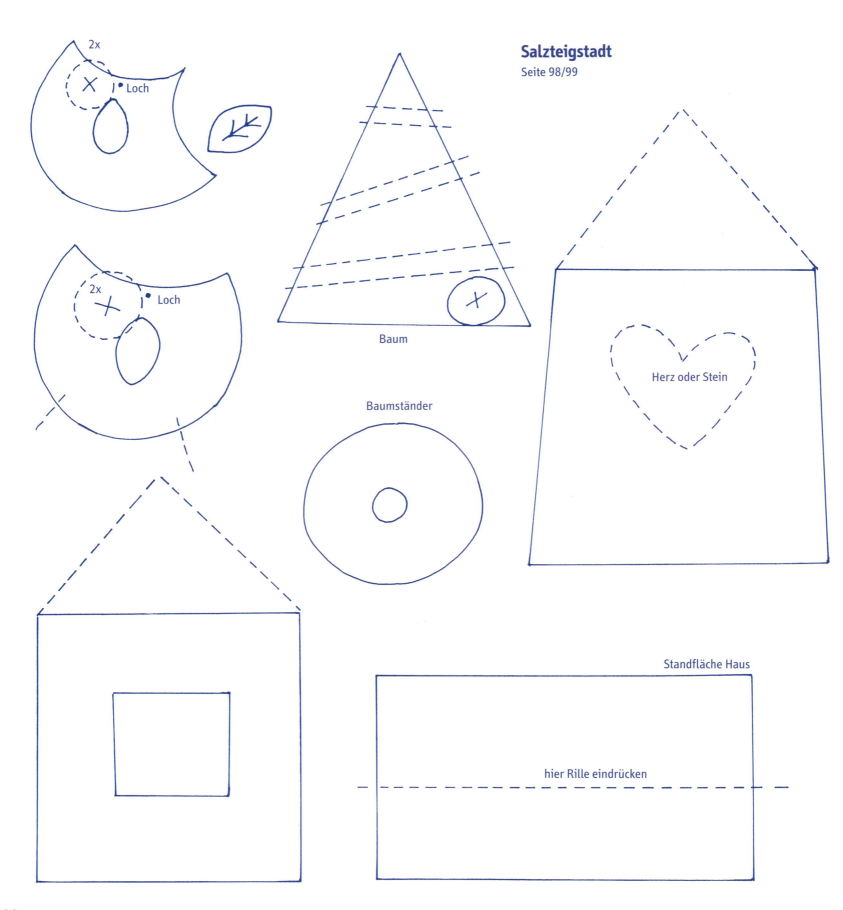

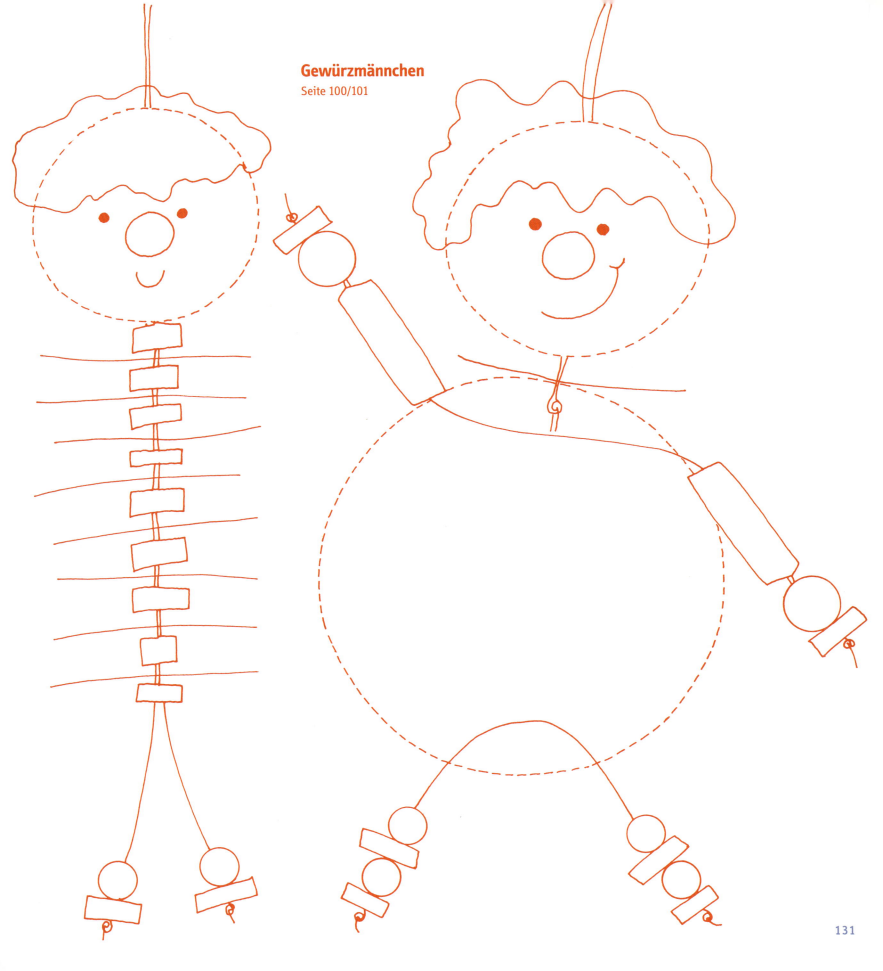

Gewürzmännchen
Seite 100/101

Witzige Holzscheiben
Seite 104/105

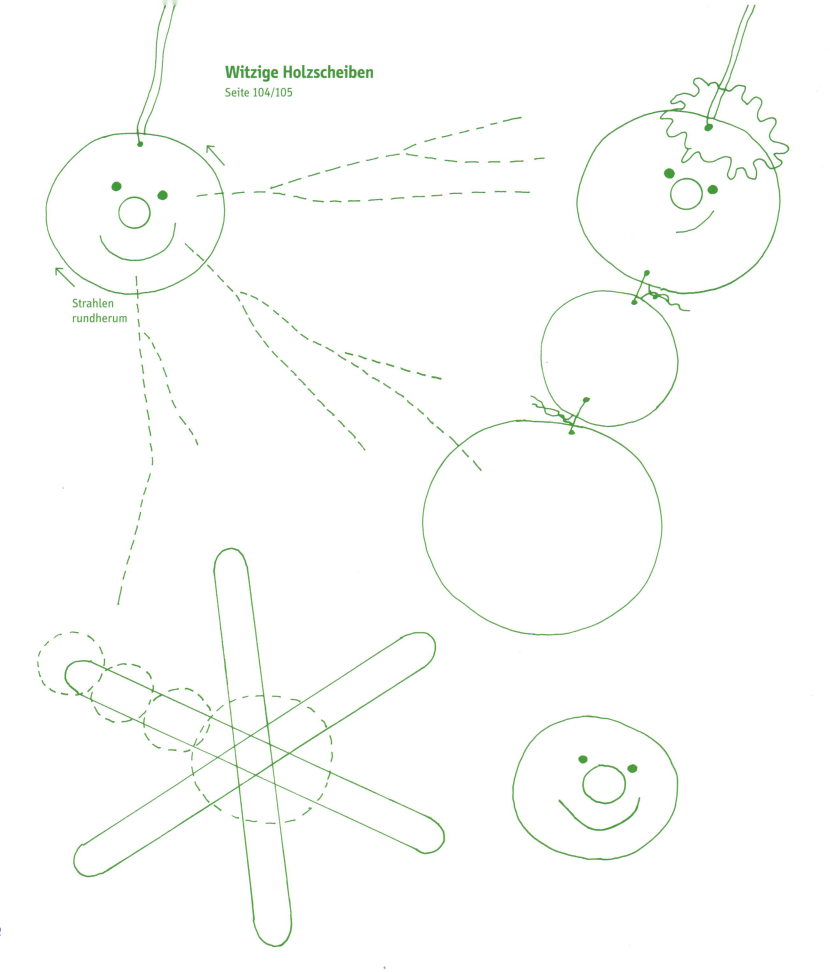

Strahlen rundherum

132

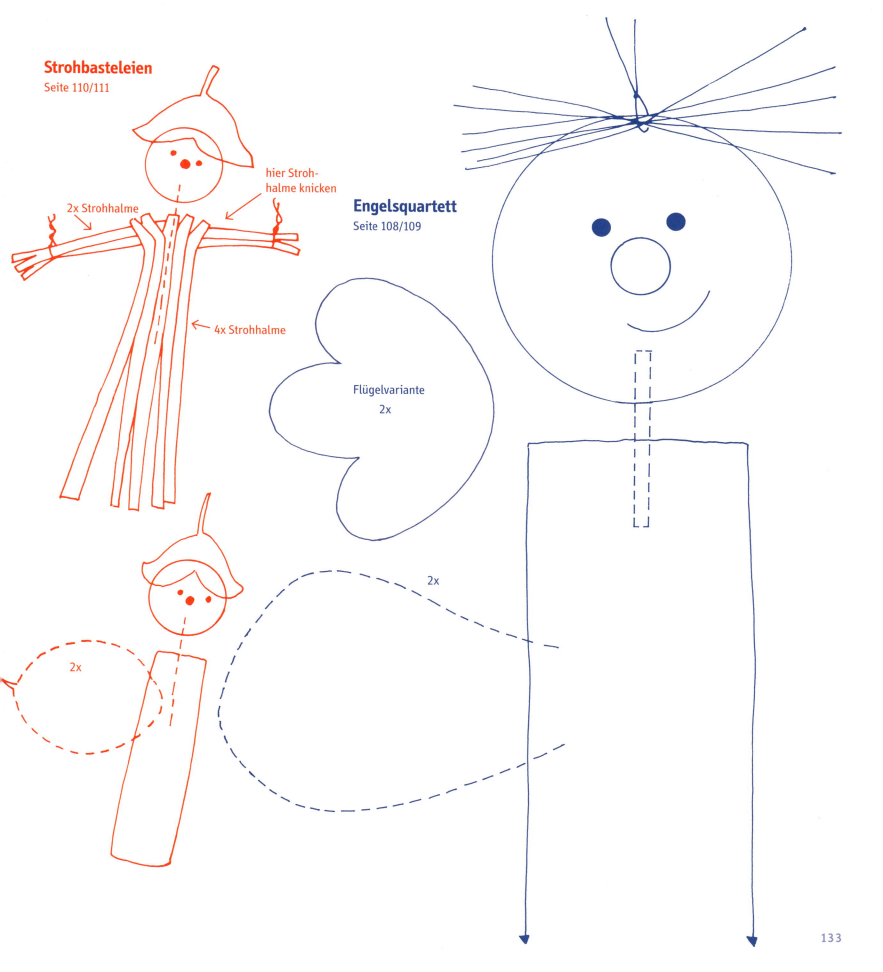

Wiesenblumen

Bitte denke daran: Pflücke nicht mehr Pflanzen ab, als du für dein Bastelprojekt benötigst. Reiße die Pflanzen auch nicht in Büscheln ab, sondern pflücke sie einzeln und behutsam, sodass die Wurzeln nicht beschädigt werden. Damit Wiesenblumen frisch bleiben, beispielsweise für Gestecke, nimm ein Gefäß mit Wasser mit, in das du sie direkt nach dem Pflücken stellen kannst.

Blätter, Beeren und Früchte

Die hier abgebildeten Naturmaterialien findest du – vor allem in den schönen Farben – vor allem im Herbst. Trockne die Blätter wie auf Seite 8 beschrieben, dann hast du den ganzen Winter über genügend Bastelmaterial. Auch Beeren kannst du trocknen. Bewahre die Materialien in Schuhkartons auf.

* Nicht in den Mund nehmen und immer die Hände waschen!

NATURMATERIALIEN ... AUF EINEN BLICK

Eberesche (Vogelbeere)

Eichenblatt

Ginkgoblätter

Zaubernuss

Blauregen

Rosskastanie

Weißdorn

Frucht der Lampionblume

Hülle der Rosskastanie

Zierapfel

Hülle der Esskastanie

Für den niedlichen Igel klebe einen Eichelhut, Maiskörner und Wackelaugen an eine Kastanienhülle. Aber Vorsicht: Der piekt!

Steinmispel

139

Früchte, Zapfen, Äste

Lärchenzweig im Frühjahr

Sternanis

Zimtstange

Eichel und Eichelhüte

Walnuss

Erdnuss

Pistazie

Ahornfrüchte

Früchte der Esche

Vieles von den abgebildeten Naturmaterialien findest du in Parks und im Wald auf dem Boden liegend. Verwende diese heruntergefallenen Sachen zum Basteln und reiße möglichst nichts von Bäumen ab. Die Materialien kannst du in Schuhkartons sammeln und hast dann auch an langen Winterabenden Bastelmaterial.

Aststücke

Schau Äste doch einmal genau an, oft haben sich Figuren darin versteckt. Dieser erinnert beispielsweise an einen Drachen. Du kannst eine Holzscheibe als Auge und einen Kamm aus Filz auf den Rücken kleben.

Vielen Dank an Sepl aus Lungiarü (Gadertal) für den Drachen.

Holzscheiben

* Nicht in den Mund nehmen und immer die Hände waschen!

NATURMATERIALIEN ... AUF EINEN BLICK

141

Pia Pedevilla

Das Mäuschen habe ich aus Hagebuttenblüten gebastelt.

Frau Veneranda aus Lungiarü (Gadertal) ließ mich in ihrem wunderschönen Garten Blumen pflücken.

Winterzeit in Südtirol

Pia Pedevilla ist im Gardertal aufgewachsen und spricht Ladinisch als Muttersprache. Sie studierte Kunst in Gröden und Werbegrafik in Urbino. Viele Jahre hat sie in der Mittelschule Werken und Kunsterziehung unterrichtet. Heute lebt sie in Bruneck (Südtirol/Italien) und leitet Fortbildungskurse für Lehrer und interessierte Erwachsene. Sie illustriert und designt seit vielen Jahren für Kinder. In den 1990ern hat sie zusammen mit dem argentinischen Cartoonisten Guillermo Mordillo mehrere Holzspielzeug-Kollektionen realisiert. Seither hat sie verschiedene Holz- und Stoffspielzeuge, didaktische Spiele für Vorschulkinder, Lichtobjekte und Teppiche entworfen. Im frechverlag sind viele erfolgreiche Bastelbücher zu verschiedenen Arbeitstechniken erschienen. Mehr erfährst du im Internet unter www.piapedevilla.com

Unterwegs hab ich immer die besten Ideen, deshalb hab ich immer eine Kladde und Stifte dabei.

Egal, welches Material ich verwende, die Gestaltung meiner Gesichter ist immer gleich.

DIE AUTORIN

Anna Sophia und Greta

Ob frisch oder getrocknet, Mohnkapseln gehören zu meinen liebsten Bastelmaterialien. Aus Mohnkapsel, Ahornfrüchten, Bucheckern, Holzkugel und ein bisschen Farbe entsteht im Nu ein Engelchen.

In Bruneck nahe meinem Haus

Alexander mit seinen Eulen. Mit Kindern zu basteln bereitet mir viel Freude.

Aus Holzperlen-Kopf und Muschel wird schnell eine putzige Schnecke.

Blättersammeln im Pustertal

Muschelsuche auf Korsika

Pia Pedevilla mit Renzo Carraro (Gestaltung)

Caroline Renzler (Gestaltung)

Monique Rahner (Redaktion)

Die Autorin dankt den Firmen Bähr (Kassel), efco (Rohrbach), Heyda (Hagen), KnorrPrandell (Lichtenfels), Rayher (Laupheim) und UHU (Bühl) für die freundliche Bereitstellung von Bastelmaterialien.

IMPRESSUM

FOTOS: FRECHVERLAG GMBH, 70499 STUTTGART; LICHTPUNKT, MICHAEL RUDER FOTOGRAFIE, STUTTGART (TITELSEITE, SEITE 6/7, 9–13, 16–19, 27 OBEN, 28/29, 40–51, 56/57, 58/59 UNTEN, 60/61, 66/67, 70/71, 74–81, 84/85, 90–93, 96/97, 100/101, 108/109), FOCUS-FOTODESIGN, BRIXEN, ITALIEN (SEITE 134/135), OTHMAR SEEHAUSER, BOZEN, ITALIEN (SEITE 144), FOTOLIA, WWW.FOTOLIA.DE (SEITE 66 UND 110/111, HINTERGRUND), PIA PEDEVILLA, BRUNECK, ITALIEN (ALLE ANDEREN)
GESTALTUNGSKONZEPT: Pia Pedevilla, Bruneck, Italien (www.piapedevilla.com)
GRAFISCHE UMSETZUNG: Renzo Carraro, Bruneck/Italien (Grafik und technische Beratung, alle anderen Seiten), Caroline Renzler, Welsberg-Teisten/Italien, (Seite 6, 8/9, 134/135)
BILDFREISTELLUNG: Sara Isello, Valdagno, Italien
SATZ: Sabine Ufer, Leipzig
PROJEKTMANAGEMENT UND REDAKTION: Monique Rahner
KORREKTORAT: Jasmin Maucher, Stuttgart, und Uta Koßmagk, Wiesbaden
DRUCK UND BINDUNG: Neografia, Slowakei

Materialangaben und Arbeitshinweise in diesem Buch wurden von der Autorin und den Mitarbeitern des Verlags sorgfältig geprüft. Eine Garantie wird jedoch nicht übernommen. Autorin und Verlag können für eventuell auftretende Fehler oder Schäden nicht haftbar gemacht werden. Das Werk und die darin gezeigten Modelle sind urheberrechtlich geschützt. Die Vervielfältigung und Verbreitung ist, außer für private, nicht kommerzielle Zwecke, untersagt und wird zivil- und strafrechtlich verfolgt. Dies gilt insbesondere für eine Verbreitung des Werkes durch Fotokopien, Film, Funk und Fernsehen, elektronische Medien und Internet sowie für eine gewerbliche Nutzung der gezeigten Modelle. Bei Verwendung im Unterricht und in Kursen ist auf dieses Buch hinzuweisen.

2. Auflage 2014

© 2014 frechverlag GmbH, 70499 Stuttgart

ISBN 978-3-7724-5742-5
Best.-Nr. 5742

DANKESCHÖN!

Ich danke meiner Lektorin Monique Rahner, die auch dieses Buch wieder mit Fachkenntnis, guten Ideen und viel Herzblut betreut hat.

Ein ganz besonders herzlicher Dank geht an Renzo Carraro, ein exzellenter Grafiker, der mit viel Liebe zum Detail, Fachkenntnis und unermüdlichem Einsatz zum guten Gelingen dieses Buches einen wertvollen Beitrag geleistet hat.

Ein großes Dankeschön an Caroline Renzler, die meine bisher erschienenen Bücher der Reihe „Alles ist zum Basteln da" gestaltet und auch in diesem Buch einige Seiten übernommen hat.

Dem Fotografen Michael Ruder danke ich für die stimmungsvollen Fotos.

Bedanken möchte ich mich ganz herzlich bei meiner Mama. Sie unterstützt mich immer und sorgt für mein Wohlbefinden.

Ganz herzlich danke ich Dario, der mich mit vielen Ideen und Recherchen unterstützt und mit mir das ganze Jahr über Naturmaterialien gesammelt hat.

Danke an alle Kinder, die für dieses Buch mit viel Freude und Begeisterung gebastelt haben und sich für die Fotos zur Verfügung gestellt haben.

Bedanken möchte ich mich bei allen anderen Freunden, Verwandten und Bekannten, die zum Entstehen dieses Buches beigetragen haben. Danke, dass ihr mit mir Naturmaterialien gesammelt, mir eure Gärten geöffnet, beim Konservieren geholfen, mich mit euren Ideen und eurem Wissen unterstützt oder mit dem Fotoapparat auf meinen Ausflügen in die Natur begleitet habt.

Vielen Dank an das Naturmuseum Südtirol und die Fachschule für Obst-, Wein- und Gartenbau Laimburg für das Überprüfen der Naturmaterialien-Übersichten.

... lass uns bald wieder zusammen basteln ...